自然と人間の哲学

内山　節

岩波書店

目次

序章 現代における自然哲学の位置 1
第一章 自然と人間の関係について 31
一 近代的自然概念の成立 33
二 広義の労働・狭義の労働 48
三 自然認識の変容 61
四 歴史の変容について 76
五 マルクスの自然哲学について 83

第二章　自然－人間関係の変容と近代社会の形成 —— 107
一　「自然と人間の交通」について　109
二　「自然と人間の精神的交通」について　126
三　自然－人間関係の変容と資本制生産様式　146
四　自然の価値の相対的低下について　153
五　労働の主体剝離と人間の自然性の喪失　168
第三章　自然－人間関係の制度化について —— 177
一　自然－人間関係の物質的制度化について　179
二　自然－人間関係の精神的制度化について　193
第四章　現代における自然哲学 —— 207
一　「自然と自然の交通」、「自然と人間の交通」、「人間と人間の交通」　209

二　自然哲学の方法　211
三　「自然と自然の交通」の阻害　212
四　「自然と人間の交通」、「人間と人間の交通」としての労働　216
五　使用価値にもとづく交通の衰退　219
六　労働過程の質の変容と自然の変容　222
七　自然－人間関係の変化と近代的精神　228
八　資本制社会の新しい認識方法としての自然哲学　236
九　自然の崩壊とは何か　238
十　自然と人間の相互模写関係　242
十一　自然と人間の解放をめざして　244
終　章　私のなかの自然の映像――　247
註　275

序章　現代における自然哲学の位置

大きな敗北は、表面的な成功の陰でいつでも準備されている。

商品経済の成立以降の人間の歴史は、その陰ですすんでいく自然－人間関係の変容に支えられてきた。私の自然哲学は、近世、あるいは中世後期―近代―現代のなかでの人間たちの敗北の歴史を考察するところから出発する。自然と人間の関係とは何か、それはいかに変容し現在に至っているのか、そして現在の損傷された自然の状況が現在の人間の存在の状況であることを解き得たなら、本書の役割は終っている。

自然哲学は自然についての研究ではない。第一に自然と人間の関係の考察であり、第二にそのことをとおして、歴史、社会、人間の存在を再発見することにある。

一

平安時代の後期に庶民の間に自然宗教が隆盛したことがあった。

「山林を棲処とし、熊狼を友とし、木の実、松の実を供養（＝食）とし、木の皮、苔を衣として……」[1]

文明の穢れから逃がれて自然の世界に回帰していこうとする志向である。それは古代律令制の下にあった社会が頽廃をみせはじめた時代の人間の精神の一面を表現していた。文明の発達が人間の本質を穢れさせてしまったという意識は、いつでも人間たちに反進歩、反文明、自然回帰の思想をつくりだしていく。(2)

ある意味では現代もまた新しい反文明の時代に入っているのかもしれない。人間たちが築き上げた経済、社会、国家、文化の頽廃は、人間の存在に不安感を与えはじめている。私たちは生きることの意味を見失ってきている。今日台頭してきている自然、あるいは自然回帰の思想、生態系、生命系の思想、反科学技術の思想、反生産力、反進歩の思想などは、この人間の状況と無関係につくられてはいないだろう。現代世界の原理とでもいうべき西欧社会から生まれた近代的価値観に身をまかせて暮すことへの不安が、この近代的価値観を忌避し超克しようとする意識を呼びさましながら、それが人々を自然的世界へと導いていくのである。

だが自然と文明を対比するところからは自然哲学は生まれない。私たちは平安後期の〝私度僧〟の世界に舞い降りることはできないのである。それは人間が文明を捨てられないからではない。人間は自然との間に個的な、社会的な関係を取り結ぶことによって暮している。そして、後述するように自然もまた人間と関係を結ぶことによって成立しているのである。だから文明の外に回帰すべき自然があると考えることは、人間たちの勝手な空想にすぎない。

後に詳細に検討するように、自然哲学は自然科学からも自然幻想からも解き放されなければならないのである。自然哲学の対象は、あるがままの人間の状況とあるがままの自然の状況だけである。そうしてこの状況の奥にある自然－人間関係をとらえるなかに自然哲学の研究ははじまる。

私は自然哲学の課題を次の二点に定めている。ひとつは自然－人間関係の本質とその歴史的変容をみることによって、今日の自然と人間の状況を明らかにすること、第二はそこから中世―近代―現代の原理を超える一般理論を提出することである。

二

おそらく私の世代の大多数の人々がそうであったように、私もまた自然哲学という言葉をマルクス主義的な思想体系のなかではじめて教わった。弁証法的唯物論、史的唯物論、自然哲学・自然弁証法、それは戦後のある時期に青年期を送った者なら誰でも一度は耳にした言葉である。

しかしマルクス主義的な自然哲学と説明されていた自然弁証法は、私を魅了することはなかった。後に詳細に述べるように、それはエンゲルスの手によるものではあってもマルクスのものではないという問題もあった。「デモクリトスとエピクロスの自然哲学の相違について」をはじめとする著作のなかで、マルクスは決して自然弁証法的な立場をとっていない。それ以上に自然の歴史自体が弁証法的に発達してきたとする自然弁証法の方法は、私には自然哲学の自然科学への屈服のように思えた。

果して自然哲学とは自然の構造や歴史を研究する学問なのであろうか。そんなものは自然科学にまかせておけばよいのではないか。自然哲学はそれらとは別の世界を研究する学問であるはずだ。私にはつねにそういう意識があった。

それはおそらく私の経験からきている発想でもあった。いま考えてみると私は自然について考えるとき、二つの回路のなかで思考をすすめてきたように思う。そのひとつは自然科学的な自然へのアプローチ、そうしてもうひとつは川釣りを媒介に経験してきた私自身の山村での日々のなかから教えられた自然認識である。だから私は、たとえばエピクロスの次のような表現が好きだった。「全体の自然は物体と空虚とである(3)」

この自然認識はギリシャ・ローマ時代の哲学のなかでも特異なものである。〈自然は物体である〉と言うとき、そこにあるものは、エピクロスにとっての自然科学的な自然像である。だがそれは全体としての自然の半分の面でしかない、もうひとつ〈空虚としての自然〉がある、そして全体としての自然は、この二つの自然が重なり合うなかに成立しているのだ。そこにエピクロスの自然認識がある。

自然科学的にとらえられた自然、それは人間の外に客観的に実在している自然である。だがそれが自然のすべてではない。もうひとつ人間の主体と関係を結ぶことによって成立している自然がある。この後者の自然をエピクロスは〈空虚としての自然〉と表現した。

私もまた一面では自然科学的に自然をみてきた。しかしその一方で釣りをし山村を歩くことによって、即ち自己の主体との関係のなかで自然をみてきた。もちろん私は後者の自然を〈空虚としての自然〉というようにはとらえない。のちに私はこの自然を、広義の労働を媒介にして人間と関係を結んだ自然としてとらえていくことになるだろう。

思い出してみると私は子供の頃から釣り竿を持って幾度となく山村の川を歩いてきた。東京生まれの私にとって山村の自然はつねに子供の頃の憧れだった。そして二十歳を過ぎた頃からは山女や岩魚を追って山村に滞在し、ちょっとしたきっかけから山の傾斜地の畑を借りることになった。いまでも一年のうち一、二ヵ月は山村を訪れている。

その釣り紀行のなかで私は自然についていろいろなことを学んだ。山の動物、植物、気象、そういった自然科学的なこともこのなかには含まれる。しかしそれだけであったわけではない。

ある日川岸を歩いていて私は自分の釣りに急に息苦しさを感じた日があった。俊敏な魚である山女や岩魚の釣りは、できるだけ人影を隠して魚のいそうなポイントを探るように釣り歩いていく。そのポイントは季節によっても、時間によっても、天候やエサになる虫の発生状況によっても異なってくる。満足に魚を手にすることができるようになるには、結構年季がいる。その結果山女や岩魚の釣りには数多くの釣り方のマニュアルが生まれている。仕掛のつくり方、ポイントの選び方、エサのつけ方、アワセの方法……。

私が息苦しさを感じたのは、私自身が頭のなかにつめこまれた釣りのマニュアルに忠実であるように気を使って釣りをしていたことに気付いたときだった。考えてみれば私は職漁師ではないのだ。釣りは釣り竿を媒介にして川の自然と交流する行為なのであって、その交流の仕方は自由であるはずなのだ。ところが自分自身、そうしなければいけないとでもいうように、釣りのマニュアルに気を使っている。とすると私は遊びのなかでさえ、自然と人間のマニュアル化された交流の仕方に従属してしまっていたということになる。

私の釣り方がにわかに自己流になっていったのはそれからだった。ほとんどは失敗ではあったが気のむくままにどんな改良でも試みた。魚がエサをくわえても、そのエサを魚がどんなふうに処理するかをみていたりして、うまくエサを鉤からはずしていくと私も嬉しくなった。

　そんなことをしているうちに、私はようやく釣りにマニュアルはいらないことを経験的に知るようになった。釣りとは釣り竿を媒介にして、人間が川の自然と交流するところに成立する。だから川の自然と、そしてそのなかで暮す魚たちと呼吸が合えば、どんな道具を使おうとも、どんな方法であろうとも魚は釣れる。私はようやく川のなかは魚たちの暮す小宇宙だということを理解するようになった。

　川のなかには川の自然とその変化をたくみに利用して暮す魚たちがいる。魚は自然を利用しながらまた自然の一員である。この川のなかの大いなる自然の世界が、それまでの私にはみえなかった。なぜ、それは釣りのマニュアルにしたがうことによって、自然と人間のマニュアル化された交流のなかに私自身がいたからだ。あるいは自然と技術的に交流していたからである。だから私には、そのマニュアル、技術に従属した自然の世界しかみえてこなかった。

　人間によって認識された自然の世界には二つの面がある。ひとつは人間の外に存在している客観的な体系としての自然、この自然の構造を解こうとして人々はこれまで自然科学を発達させてきた。もうひとつは人間の主体とのかかわりのなかでみえてくる自然、私が釣りのなかから知ったことは、この後者の自然が確かに存在するということであった。そしてこの後者の自然は、自然の問題ではなく人間の問題である。なぜなら自然とかかわる人間の精神的力能がいかなるものかによって、それは、みえも隠れもするものだからである。

自然はひとつに客観的に実在するものであるとともに、第二に人間の主体との関係において存在しているものである。「全体の自然は物体と空虚とである」というエピクロスの表現はそのことをあらわしている。とすると自然哲学が問題にしなければならないものは、まずこの人間の主体との関係において存在している自然の問題なのではなかったか。そしてそのことを考察するには、自然と人間の関係とは何かを、そこでの主体とは何かを問わなければならないはずなのである。そのことによってエピクロスが〈空虚〉と表現した自然を現実的世界のなかで検討しなければならないのである。

ところがこのような問題意識からみてみると、マルクス主義的な自然哲学とされた自然弁証法は、はなはだしく不備なものと映ってくる。自然の歴史は弁証法的であるとすることの考えは、自然の一面、即ち客観的に実在する自然の面しかみていない。そうであるかぎり、自然と人間の関係を問うことも、自然に対する人間の主体を問うこともできないのである。そしてこのことを問おうとするとき、自然の問題は人間の問題であり、自然と文明を対立的にとらえる発想からは、自然哲学の課題はみえてこないのだということもわかってくる。

いま考えてみると私の自然哲学への視点はまずこの釣りの世界からはじまった。そしてそれは山村の社会とのかかわりのなかで、もう一度検証されることになった。

三

山女や岩魚の釣りを好む者は、次第に二つの類型に分かれていく傾向をもっている。少しでも人間の痕跡をとどめない源流を求めていく者と、村人の暮しと自然の接点のような、山里を流れる川での釣りを志向する者とにである。私の場合は明らかに後者であった。集落や畑があって、その底を川が流れるような谷を私は好んだ。私は単に自然がすきだったのではなく、人の営みと自然の営みがバランスを保ち得るような、そんな自然と人間の世界がすきだったのである。それに一九七〇年代に入ると、私自身狭い山の畑を耕すようになってしまったから、この傾向はいっそう強まっていった。

こうして私が日帰りの釣り人から滞在型の釣り人に変化してまだ十数年しか経っていない。しかしこの十数年の間に日本の山村は大きく変わった。一九七〇年代に入った頃ならまだ都市に対する異文化性を強く残していた日本の山村も、一九八〇年代に入った頃から都市との類似性の方が強く映るようになってきた。

山の畑の耕作をはじめた頃、私は村の人々の使うある言葉のなかに面白い使い分けのあることに気付いた。それは「稼ぎ」と「仕事」の使い分けだった。

〝稼ぎに行ってくる〟村人がそう言うとき、それは賃労働に出かける、あるいはお金のために労働をすることを意味していた。日本の山村は農村よりはるか昔から商品経済の社会になっている。食料を十分に自給することができず、自給自足的な生活を不可能にしてきた山村の社会では、昔から交換が生活のなかに浸透していたのである。その結果貨幣を求めて賃労働に従事することは、農村より早い段階から村人の生活の一形態になっていた。しかし「稼ぎ」は決して人間的な仕事を意味してはいなかった。それは村人にとってあくまでお金のためにする仕事であり、もししないですむのならその方がいい仕事なのである。

ところが村人に「仕事」と表現されているものはそうではない。それは人間的な営みである。そしてその多くは直接自然と関係している。山の木を育てる仕事、山の作業道を修理する仕事、畑の作物を育てる仕事、自分の手で家や橋を修理する仕事、そして寄合いに行ったり祭りの準備に行く仕事、即ち山村に暮す以上おこなわなければ自然や村や暮しが壊れてしまうような諸々の行為を、村人は「仕事」と表現していた。

もちろんこの「仕事」は収入に寄与する場合もしない場合もある。理想的にいえば、村人は「仕事」をして、その結果生活もうまくいくことを望んでいる。しかし現実にはそうはいかない。賃労働に出て貨幣を得なければ山村の生活はなりたたないのである。そこから生まれたたくみな使い分け、それが「稼ぎ」と「仕事」であった。

私は山村を訪れて、しばしば村人のこの使い分けに感心させられた。ある表現をとるなら、村人は使用価値をつくりだす、あるいはそのことが直接みえる労働を「仕事」と表現し、貨幣を得る労働を「稼ぎ」と表現していたのである。だから村の子供たちが都市に出て、すでに何十年も会社勤めをしているときでも、村人は〝子供は東京に稼ぎに出ている〟と表現した。サラリーマンになることは村人にはどうしても「仕事」とは映らなかったのである。同じように、たとえば山の木の下枝を伐りに行くときでも、そこに自分の主体性が発揮できるとき、労働を自分の手で工夫できるときには村人は「仕事」に行くと表現した。誰に命令されるわけでもなく、労働の結果がいつの日かお金になるかどうかもわからない。しかし下枝を伐り、木を育て、自然と人間の交流を培っていく行為がそこにはある。

ところが全く同じ労働をするときでも、たとえば営林署の下請仕事のようなかたちで下枝を伐りに行くときには、それは村人にとっては「仕事」ではなく「稼ぎ」だった。なぜならそれは営林署の計画にしたがって作業をするだけであって、労働の主体性が村人の手にはなくなってしまっているからである。ここでは村人は木を育てているのではなく、お金と引き換えに作業をしているだけなのである。

この「稼ぎ」と「仕事」の使い分けは、時に〝他人仕事〟と〝自分仕事〟と表現されることもある。〝他人仕事〟とは他人のために汗を流すことではなく、他人の下で働くこと、即ち賃労働を意味している。それに対して〝自分仕事〟とは自分が労働の精神的力能をもっている仕事である。〝他人仕事はお金にはなっても疲れるばかりでつまらんもんだ〟というような言い方になって、それはあらわれる。

「仕事」と「稼ぎ」の境界がはっきりしない都市に暮している私には、山村の人々のこの使い分けが快かった。とともに、ここにはいくつかの重要な問題が含まれているようにも思えた。そのひとつは村人の労働感覚が、使用価値をつくる労働が仕事であり、貨幣のためにする労働は稼ぎであるというところから成り立っていることである。だから「仕事」の世界は広い。人間が生きていくうえでおこなわなければならない諸々の行為、それがすべて「仕事」のなかに含まれる。都市でならボランティアに属することも、家事や日曜大工や趣味に属するようなことも、収入に結びつくかどうかを問わず、すべて平等に「仕事」なのである。ここには私の言葉を使うなら広義の労働の世界がある。

ところが「稼ぎ」はそうではない。それは自らの労働力を商品として売る行為であって、使用価値の生産が村人の目的になっているわけでもない。この収入と結びついた労働、それを私は広義の労働に対照して狭義の労働と呼んでいる。(4) 即ちここには、人間が生きていく上で必要なものをつくりだしていく諸々の行為＝使用価値をつくりだす労働＝広義の労働と、貨幣のための労働＝狭義の労働の使い分けがあるのである。

おそらく近代以前の人間たちは、例外的な部分を除いて広義の労働をとおして生きていたはずである。そしてこの広義の労働の世界は近代以降になっても多くの場所で残っていた。だが資本制商品経済の社会は、広義の労働の世界を分解し、狭義の労働の世界にだけ特別な労働としての位置を与えた。そのことがもともとは未分化であった労働と生活を分解し、労働を生活のための手段に、そして生活を労働のための手段にしてしまった。

「稼ぎ」と「仕事」の使い分けがなされていた山村では、広義の労働の世界が、そしてそれ故に労働と生活の未分化な暮しがまだ生きていたのである。

釣りをしながら滞在し私が好んだ山村とは、このような山村であった。いわば旧時代の労働感覚が生命力をもちつづけ、その結果資本制商品経済から自立した精神が村人のなかに浸透していた。だがそれからわずか十数年の間に、山村は大きく変わっていった。何よりも「仕事」と「稼ぎ」の地位が逆転し、村人の多くは「稼ぎ」のための仕事を精神のなかでも優先するようになっていった。その頃からかつての「仕事」は〝暇仕事〟と言われるようになった。それは「稼ぎ」の暇なときにする仕事であり、半分無意味な仕事にされたのである。

この変化のなかで、ある意味では戦後日本の高度成長からとり残されてきた山村の社会は、それ故に守ってきた使用価値優先の社会を崩壊させ、急速に資本制社会の最前線に接近していったのである。村人の精神、人と人の結びつき、山村社会の構造、その金銭感覚、……、ありとあらゆるものが資本制社会のなかで成熟した合理主義の浸透を受けていった。しかもそれが十数年という短い期間に起ったために、一年一年の変化にただ驚かされるばかりであった。

いま考えてみると一九七〇年代に入ってからの山村の十数年間は、生きた実験室であったように思う。この短い期間に近代的合理主義を社会が受け入れていく全プロセスを凝縮したかたちで山村はみせてくれた。それは私の滞在した山村が近代化からもっとも遠いところにある山村であったということもあろうが、その「遅れた」山村がわずか十数年の間に、資本制商品経済を基礎とする近代社会の論理の浸透を受け、人間の精神、行動、社会的結びつき、自然との関係のすべてを変えていくプロセスをみせてくれたのである。

山村に滞在しながら私はこのプロセスのなかに、いわば近代革命が模擬的に実現していく様子を感じとっていた。近世から現代へと向う、あるいは単純な商品経済社会が本格的な資本制商品経済の社会へと変貌していく歴史の展開劇をみせられているような気がした。

この過程で私が何よりも強く感じたことは、労働の世界の変化と人間の精神、行動の変化が同時に進行していくこと、しかもこのなかで自然と人間の関係も変わりながら、それ故に人間と関係を結んでいる自然の状態も変化していくということであった。何かひとつが変わっていくのではなく、自然と人間に関するすべての世界が、嵐にみまわれたように同時に激動していくのである。

一九七〇年代に入った頃といえば、各地で自然保護という言葉が使われるようになっていった時期にあたる。おそらくここには二つの意識があったのだと思う。ひとつは資本制経済に主導されながらつくられてきた近代社会の諸結果が人間の存在に不安を与えはじめ、それへの反措定が自然保護思想として表現されたこと、もうひとつは実際に自然の状態が目にみえて悪化してきたことであろう。

しかし一九六〇年代頃までとそれ以降の自然の状態の奥には顕著な違いがある。というのは一九六〇年代頃までは、大規模開発や公共事業、国の森林事業などが自然の状態を損傷し、一方、山村の人々自身はその「仕事」感覚をとおして昔からの自然と人間の共生関係を守っていた。山村に貨幣からは離れた〝使用価値の社会〟が残っているかぎり、自然は使用価値の源泉であり、自然の作用と人間の作用＝労働を重ねあわせながら生きる村人の生命感覚が働いていたのである。

ところが一九七〇年代に入った頃から様子は変わってくる。もちろん大規模開発や公共事業、国の森林事業などによる自然の損傷は現在に至るまで変わっていない。新しい変化、それは「稼ぎ」の社会が一般化するにしたがって自然と人間の共生関係を維持する機能を村人の日々の行動が果さなくなっていったことにある。

経済的価値の低い山の木は手入れされることもなく放置されるようになった。一定の利潤を生まないかぎり、畑も顧みられることはなくなった。たとえ自然がどのような損傷を受けようとも、「稼ぎ」＝賃労働の場を提供してくれる公共事業を村人自身が歓迎するようになった。

自然と人間の共生関係を維持するためには、貨幣価値で測ることのできない、いわば無償の労働が一定程度投下されなければならないのである。だからそれを無意味なことと感じるようになった瞬間から、自然と人間の共生関係は崩れはじめる。それが自然の損傷をさらに促進していく。

私の自然哲学の課題は、第一には釣りをとおして得た感覚の上に成り立っているとすれば、第二の課題は山村のなかで進行したこの変化の奥にあるものを、近世あるいは中世後期から現代へと向う歴史時間のなかで考察しなおすことである。自然－人間関係の変化という視点から、近代社会の成立とその後の歴史を分析していくことである。

労働の世界が変わる、それは別の視角からみれば自然と人間の関係の世界が変わるということであろう。本書のなかでこのことは後に、自然と人間の交通としての労働過程という視点から検討されていくことになる。自然と人間の交通のあり方が変わるとき、人間の精神も、社会も、自然も変わってしまうこと、そのことがこの十数年間の山村社会のなかで実現していたのである。

自然の問題は人間の問題である。それは自然を壊すのも守るのも人間だという通俗的な意味においてではない。山村の社会のなかで「稼ぎ」と「仕事」の使い分けがなされなくなった、そのことに表現される人間の側の変化を、第一に自然と人間の交通の変容として、それ故に人間の側の変化は同時に自然の状態をも変化させることをみていかなければいけないと思うのである。

自然哲学にとっての自然とは、自然科学的な自然、即ち客観的に実在する自然ではない。人間の主体と関係を取り結ぶことによって成立している自然であり、だからこそこの自然－人間関係とは何か、それは歴史のなかでいかに変容してきたのかを考察していくとき、そしてこの変容が人間、人間の社会と自然をいかに変えてきたのかをみていくなかに自然哲学は成立するのではなかろうか。

かつて私が学んできた自然哲学は、自然弁証法もまたそうであったように、自然の構造や歴史、あるいは自然の概念の考察であった。だが私にはそれらは、エピクロスの「全体の自然は物体と空虚とである」という言葉ほどの魅力もなかった。

自然は自然科学が対象にしてきたような客観的な体系としての自然と、人間の主体との関係のなかで成立している自然との重なり合いのなかにつくられているのである。後者の自然は人間と交通しつづけている自然であり、労働をとおして人間と結ばれた自然である。ただしここでは私は、労働という言葉を前記した広義の労働の概念として使っている。現代における狭義の労働の世界、商品生産のなかでの労働の世界も自然と人間の交通の一形態であることは変わらないが、人間はその外に広大な労働の世界をもつことによって暮しているのではなかろうか。その広義の労働の世界のひとつ、ひとつのなかで人間は直接的に、間接的に自然と交通しつづけている。そして資本制社会は狭義の労働の世界に特別な地位を与え、その論理を広義の労働の世界全体に浸透させながら、ついには自然と人間の交通のすべてを変え、自然の世界と人間の世界のすべてを変革していったのではなかろうか。

自然哲学は自然という限定された枠を取り払うべきである。自然と人間という視点から、資本制生産様式の内部を、中世―近代―現代の歴史総体を明らかにすべきなのである。そうしてそれを成し遂げないかぎり、現在の自然と人間のなかにある矛盾はみえてくることも、克服されることもないのである。

四

山村に滞在しているときは、私はたまに村の人たちと一緒に山菜や茸を取りにでかける。そんなとき村の老人たちは、昔からの習慣に従って、鉈やノコギリ、縄などを腰に下げてくる。山道がふさがれているときは枝をはらい、蔓にからまれている木をみつけると蔓を切る。山や木の所有権が誰にあるかなど構うことはない。山の生命力を維持していくことの前には、所有権など二次的な問題である。そして、最近ではこういう仕事を誰もしなくなった、と嘆く。

貨幣に裏付けられた価値をつくりだすことだけを労働と考えるなら、それははなはだしく非生産的な労働である。しかし昔からの村人にとっては、自然は貨幣的な価値の源泉である前に、使用価値の源泉である。それに人間の作用、即ち労働が加えられることによって、本当の使用価値は生まれてくる。

だが今日では使用価値をつくりだす労働は、多くが貨幣的な価値から疎外され、無償の労働として、あるいは陰の労働としての意味しかなさないのである。表の労働は商品経済の裏付けをもった狭義の労働であり、広義の労働はその陰の部分に形成される。しかしこの陰の労働に支えられて、これまで自然と人間は共生してきたのである。

自然はつねに人間と交流してきた。というより人間と交流しつづけることによって、自然は自然だった。もちろん地球上には、人間との交流を拒絶してきた原生的な自然も存在する。この少なくなった原生的な自然をいかに残すか、それも重要な課題であろう。だが私はそれは文化の問題であっても、とりあえず自然哲学が問題にしなければならない自然ではないという気がする。

とりわけ日本には原生的な自然はほとんど存在しない。日本の山や谷には昔からそこに暮す人々が分け入り、自然が人間の立ち入りを拒むことはなかった。そして、自然との交流の仕方を人間が変えたとき、自然も変容していった。とすると現在の損傷されつづける自然の問題は、そういう交流をする人間の問題として、そのような自然と人間の交通＝労働の問題として考察されなければならないのではなかろうか。

ところで私のような釣り人は村人にとっては、一面では都市から来る大事な客であり、同時に好ましくない客である。なぜなら村人には私たちは自然を荒す人間のようにみえる。

ところが都市の人間は反論する。確かに自然とのつきあい方をわきまえぬ少数の不心得者は、私たちのなかにいるかもしれない。しかし自然を回復不可能なまでに損傷させてしまった主要な原因は、開発であり森林の伐採などであったはずだ。それを進めてきた責任の一端は村人にもあるのではないか、と。ここに釣り人と村人の間に、自然を荒す犯人をめぐって長い論争が生じている。

この論争の奥には都市の〝稼ぎ人〟たちに対するぬぐいがたき不信感が、村人にはあるのである。それは自然との交流の仕方の違う者たちへの不信感である。

村の老人たちは山に入るときには鉈やノコギリを下げて、自然の生命力が高まるように手当していく。人間が山に入ること、それは山から収奪することであるとともに自然を育てることでもある。それが昔からの山に暮す者の自然との交流の仕方である。

しかし都市から来た人間たちはそんなことはしない。釣り人は川から魚を収奪するだけであって、釣りの合い間に山の道を直したり、木にからまった蔓をはずすなどはあり得ない。とすると村人と都市の釣り人は自然との交流の仕方が全く異なっていることになる。それが自然の生命力を高めることをしない都市の釣り人に対する、根源的な不信感になっているのである。

もちろん都市の釣り人にも言い分はあるだろう。何よりも私たちは林業経験はないから木の育て方は知らないし、所有権のある山や木にどう接してよいのかわからない。都市の商品経済社会における狭義の労働のルールは知っていても、自然の生命力を高めるような広義の労働のルールは身についていない。

しかしこんなふうに考えていくと、自然を育てる知恵や技能を全く持っていない私たち都市の釣り人の姿がみえてきてしまうのである。そこですでに自然に対する精神の自由を失っている私たちの姿がある。そうして精神の自由とは単に精神の問題ではなく、自然に働きかける知恵や技能を喪失していることと関係していることがわかってくる。いわば私たちは自然に対して自由に振るまう術を身につけておらず、それ故に自然に対する精神の自由をもたないのである。

考えてみればはじめに述べたように、マニュアルに忠実に釣りをしていたのも同じことであった。ルール化された自然との交流、マニュアル化された自然との交流しか私たちは知らない。そして、それからはみ出た部分については、日々おこなっている商品経済下の狭義の労働のルールに、知らず知らずのうちに自分自身を適応させてしまっている。それでは自然の作用と人間の作用がお互いに助け合うような自然と人間の交流を、私たちが実現できるはずはないのである。

人間は太古の時代から自然と交流しながら暮してきたはずである。もちろん本質的にはそのことはいまも変わらない。私たちが日々使っているもの、木、水、金属、焼物、石油、プラスチック、紙、食糧、衣類、……、どれをとってもその元々が自然によってつくられなかったものはない。その意味では人間はいまでも自然と交流し、自然を加工しながら暮している。

ところがこの自然と人間の交流のプロセス、自然を加工していくプロセスの何かが変わったのである。そしてその変容したプロセスを正常のものとしてしまったとき、人間の精神の何かが変わった。いまそれが自然と自由に交流することのできない不自由な人間の出現としてみえてきている。

自然哲学はこの人間の現在をみなければ全く無意味な学問に終るだろう。

私はこの本のなかで、狭義の労働の世界がいかに成立したかを、そしてそこでの自然と人間の交通がいかなるものであるのかを検討していってみようと思う。資本制賃労働の世界を、自然－人間関係の視点から解く、それをおこなわないかぎり自然哲学は現代のものにはならないだろう。

狭義の労働の世界では、使用価値の生産は主要な目的にはされていない。商品としての価値を生産していく過程で、その陰の部分に使用価値がつくりだされてくるだけである。私たちは経済価値、あるいは経済効用を支配的な要素とする世界のなかで働いている。そこでは自然も労働も価値をつくりだすための手段にされている。かつて使用価値の源泉であった自然は貨幣に裏付けられた価値をつくりだすための手段にされ、かつて使用価値をつくりだすためにあった人間の労働は、同じように価値をつくりだすための手段にされた。それは自然と人間の交通が使用価値をつくりだすプロセスから、価値を形成し増殖していくためのプロセスに移行したことを意味している。

本論のなかでそのことは、技能を媒介にした自然と人間の交通が、技術的な交通に、マニュアル化された交通に変貌していく過程で、自然と人間の交通の制度化がはかられていく経緯のなかに検討されていくことになる。この狭義の労働、狭義の労働過程の成立が、広義の労働、広義の労働過程の世界や、人間の存在の世界、広義の自然－人間関係の世界をいかに変えたか、自然哲学はこの問いに答えなければならないだろう。

実際この狭義の労働のなかでの自然－人間関係に制約されながら、私たちは広義の労働や趣味、遊びの世界をつくりだしている。だから、釣りをしながら自然に働きかけ、労働をするなどという発想は私たちにはない。自然はマニュアル化された遊び場であり、しかしそうであるかぎり、即ち自然の生命力を高める働きかけを伴っていないかぎり、いかに注意を払っていたとしても、私たちは本質的に自然を損傷させるだけの動物である。そういう立場にいる人間が自然保護を主張するとき、それを村人が滑稽に思う気持を私は理解できる。

私もその一人であるが、実際各地の釣り宿を泊り歩いていると、釣り人の類型化された体質にはうんざりしてしまう。釣りについて語るときも、自然について語るときも、釣り人の口調は驚くほど類型化している。そういう場所に遭遇すると、昔の私は、せめて遊びぐらいもっと自由に、もっと自然に振るまえないものかと思ったものである。しかし最近ではそうは思わなくなった。釣りが遊びであること自体がそもそも類型的なのである。

遊びは労働から解き放たれた世界にあると私たちは思っている。そしてそうであるかぎり、狭義の労働から逆規定された類型の世界に私たちはいることになる。遊びぐらい自由に、自然に……、そうではない、それが遊びであるかぎり、私たちは自由にも自然にも振るまえなかったのである。狭義の労働過程のなかでの自然－人間関係を正常のものとしているとき、その狭義の労働過程から離れても、人間は自然を手段としてしまう精神から自由になることはできないだろう。なぜならその場所での精神の自由を保障するだけの知恵や技能を、私たちは労働の世界のなかで獲得してこなかったからである。労働のなかであれ、遊びのなかであれ、自然と人間の交通は制度化されてしまっていたのである。

釣りをしているときも、山村に滞在しているときも、私の眼はどこかで資本制商品経済の社会を追っていた。山村を訪れる私たちの姿の奥に、そして急速に変容してきた山村社会と山村の自然の奥に、私は工場やオフィスの光景がみえるような気がした。ともに自然哲学はここからはじまらなければならないのではないかと思った。

マルクス経済学は労働力商品の展開のなかに近代市民社会＝資本制社会の本質をみている。それと同じように、自然－人間関係の変容のなかに近代市民社会＝資本制社会の本質をとらえることができなければ、自然哲学は現代の学問にはなり得ないのではないかと。

五

私のなかに自然に関する三つの映像がある。そのひとつは子供の頃からの釣りのなかでみてきた自然と人間の映像、第二は村人の姿の背後にみえる山村の自然の映像、そして資本制商品経済社会のなかで暮す人々の映像である。それらの映像の奥に、現代の自然と人間の関係が透けてみえている。

すべての思想には、その思想固有の映像があるのだと思う。ヘーゲル哲学にフランス大革命とドイツの現実という映像があったように、マルクスの思想にはライン河の東と西の映像がみえている。いわばそれは思想の背後で見え隠れする、思想の生命力である。その映像が確かな画像を結んでいるかどうか、おそらく思想の力強さは、この映像のコントラストの強さと関係している。

しかしこの自然哲学のなかにあるものは敗北の映像である。なぜ敗北なのか、詳しくは本論のなかで検討することにしよう。ただその敗北が、損傷されつづける自然の姿だけにあるのでないことは確かである。私にはこの損傷されつづける自然の姿が、何かを損傷させつづける人間の姿と同一の地平にあるように思える。

使用価値の社会から交換価値の社会を経て価値の社会へ、技能の社会から技術の社会へ、広義の労働の社会から狭義の労働を主導的要素とする社会へ、自然の作用と人間の作用の結び合う社会から自然も労働も価値の形成のための手段とされる社会へ、……、この過程で人間が失ってきたもの、それが自然の姿のなかにも映し出されてきているのではなかったか。

ある歴史段階の自然の状態は、その歴史段階の人間の状態を模写している。自然も人間もお互いとの交通のなかに存在しているかぎり、自然と人間はつねに相互模写の関係にある。

私にとって自然哲学の映像は、この自然と人間の関係のなかで結ばれている。山村の自然の変容が山村の人々の存在の変容と重なり、資本制経済社会のなかで暮す私たちの存在の変貌が、現在の自然の姿と重なり合うようにである。

この自然哲学のなかで、私は自分のなかにある自然−人間関係の映像をひとつずつ検証していってみようと思う。そこから現代と歴史と人間の存在を、そして現在の自然をみていってみようと思う。

自然哲学は自然学でも、自然を守るための学問でもない。自然−人間関係をみつづけることによって、現代の映像を結んでいく学問である。そして、その視点の確立がないかぎり、私たちは損傷されつづける自然を回復させる道筋を発見することもできないであろう。

商品経済と技術と対象化という認識手段を手にした人間たらは、この数百年の間に幾多の勝利を収めていった。マルクスをも生産力の虜にしたこの勝利の上にいま私たちは日々の労働と暮しを組み立てている。だが自然−人間関係の視点からみるかぎり、この数百年の過程のなかで人間は何かを失いつづけた。その勝利の陰にある敗北の映像をひとつずつ解いていく、そこからはじまる研究が自然哲学であるとき、自然哲学はこれまでの自然哲学の枠組を取り払わなければならないだろう。自然哲学の対象は現代社会総体であり、その革命である。

第一章　自然と人間の関係について

一　近代的自然概念の成立

私の知るかぎり哲学の歴史は自然哲学とともにはじまった。古代ギリシャの哲学はもとより、自然的世界と人間の存在の統一を説く古代インドに発生した哲学、日本の現存する最古の書物も自然の形成と神、人間の成立を同一の次元で論じている。(5) しかしなぜ人間たちは自然的世界を問題にしつづけてきたのだろうか。それは自然と人間の間には、相反する二つの関係がつくられているからである。

第一に人間は自然の一員として存在しているにもかかわらず、同時に自然から自立することによって暮している。とすればこの相反する二つの関係がなぜ成立してしまうのかを解かなければ人間の本質をつかむことはできないのであり、そのためにはまずもって、自然とは何かという設問に答えをださなければならなかった。

第二に私たちは認識された自然としてしか自然を知ることはできない。ところが人間によって認識されようとされまいと、自然ははるか以前から現実に存在している。事実として存在している自然と、しかし人間には認識された自然しか知ることはできないという二つの自然の間にある矛盾をいかに解決するのか、(6) そこに認識と存在という哲学の永遠の課題が成立する。

哲学が人間の本質を解こうとする学問であるかぎり、哲学は自然哲学と交錯しつづけるのである。

私の自然哲学も基本的にはこの二つの課題の解決を目的にしている。ただしそれをこれまでの自然哲学の土壌の上で論じようとは思わない。第一に自然と人間の関係の世界のなかで、第二にその歴史的変容の過程のなかで、そして第三にそれ故に序章で述べたように自然と人間のフィールドのなかで考察していこうと思う。したがって本書の自然哲学はまず自然と人間の関係としての労働過程の叙述からはじまる。

人間たちはこれまで自然を加工しながら暮してきた。といっても、人間だけが自然を加工するわけではない。土壌の微生物は様々なものを分解して土をつくりつづけているし、山女や岩魚のような魚でも、隠れ家をつくるために川底の小石を除くぐらいのことはするのである。ただし人間以外の生物は自然の加工はしえても、そのことによって自然から自立することはない。その存在と活動もまた自然の体系のなかに包みこまれている。しかし人間は、自然と交流しながらも、自然の外に自己の存在を築いているのである。

ここに人間だけに備わっているものとしての労働の本質があると言ってもよいだろう。労働とは自然を加工することのみを意味しているわけではない。その労働によって人間を自然から自立させる人間に特有な活動、労働には本来そのような面がふくまれている。その結果人間は労働を獲得することによって、自然の一員でありながら同時に自然から自立した存在であるという存在の二重性を確立することになった。

自然哲学はこの自然と人間の関係を緒にしながら、人間の本質と自然の本質をみていこうとする学問である。人間が自然のなかから誕生したのかどうかも、神が自然と人間を創造したのかどうかも、いつ頃、どのような過程を経て人間が自然からの自立をとげたのかも、哲学にとっては意味のないことである。それらはいつの日か自然科学や考古学、社会学が明らかにしてくれるだろう。

自然哲学はただひとつの事実から出発する。それは労働を獲得し、自然から自立した存在としての人間が現に暮していているという事実である。本来的に哲学は、たとえどのような分野を研究していようとも人間学であり、固有の存在と活動を獲得した人間が存在していることを出発点にしてはじまる学問である。

したがって私の自然哲学は、労働論、あるいは労働過程論を基礎に置いている。その意味ではこれまでの私の研究、労働過程論、労働存在論の考察の延長線上に、この自然哲学は位置づけられている。本書のなかで私は労働過程論の視点から、第一に自然と人間の歴史貫通的＝時間普遍的な関係を、第二にそれが歴史のなかでどのように変容していったのかを述べていくことになるだろう。そのことをとおして、自然－人間関係が変容していく過程のなかで、人間の存在や精神がいかに変わってきたのかを、そして最後に自然と人間の関係の変化という視点からとらえたとき資本制社会とは何であったのかを叙述していくことになるだろう。

ところで私たちは今日、自然という言葉を二つの意味でつかっている。ひとつは人間の外に存在する客観的な自然の体系という意味での自然、それは「日本の自然」というようなときの自然である。しかしもうひとつ、必然的なこと、当然のこと、成り行き、というような意味で自然という言葉を使っていることがある。「自然にそうなった」というときの自然である。そして、よく知られているように、明治以前の日本で自然といえば後者の意味であった。

「自然観・自然環境・自然科学等々の自然の用法が定着したのはほぼ明治三十年代からのことで、それまでは、われわれが今日、自然と呼ぶものは天地・万有・万物・森羅万象・造化等々の言葉で捉えられていた。それまで自然はほとんど『自然の』『自然に』のごとく形容詞・副詞として用いられ、『おのずから』の意味をもつものであった」(7)

この自然という言葉の意味の変化は日本だけが経験したことではない。というのはヨーロッパ言語のなかでもまた、自然という言葉の意味の変化はすすんだからである。

「現代ヨーロッパの言語において『自然』という言葉は、最も一般的な慣用では、集合名詞として自然的事物の総合的ないしは総計的全体を意味する……同時に……別な意味もあり……樫の自然つまり本性は堅いという言い方をする……それは常にあるものの内にある何か、または密接にそれに属する何かを意味する……これが初期ギリシャの著作家の中で使われる唯一の意味であり……しかしごく稀に、比較的遅くなってから、この言葉は自然的な事物の全体または総体という意味を荷うようになった。つまり『世界』を意味するコスモスと多かれ少なかれ同義語となるのである(8)」

自然という言葉のこのような意味の変化は何をあらわしているのであろうか。それは人間の外にある合理的な体系として、人間たちが自然の世界を承認していく過程と符合しているのではなかろうか。少なくとも日本では、明治以降ヨーロッパの自然科学的自然認識にもとづく自然観が移入されてくる過程で、今日のような意味になっていったのである。

もし人間が自然を客観的な体系としてとらえる思考を身につけていなかったら、今日のような自然という言葉の意味が一般化することはなかっただろう。そしてそれがなかったなら、自然科学的な自然認識が生まれ定着することもまたなかったように私には思われる。なぜなら人間は自然を、人間の外に存在する客観的な体系として対象化することによって、その対象化された自然の分析としての自然科学を生みだしたのであるから。自然科学的自然認識は、第一に自然は客観的体系であり、第二にその客観的体系はある種の合理性によってつくられているととらえることを基礎にして発達してきた。

とすれば自然科学的認識にもとづく自然観の台頭と、自然という言葉の変容の間には、何らかの関連性があるということにはならないだろうか。ここではまず、なぜ自然科学がヨーロッパ社会のなかから生まれてきたのかについて述べたホワイトヘッドの説に耳を傾けることにしよう。

ホワイトヘッドは次のように述べている。十六・十七世紀のヨーロッパのなかから自然科学が台頭してくる背景には「一つの精神的態度が力強く働いていた(9)。それは自然を合理的で客観的なものとみなす「精神的態度」である。しかしこの「精神的態度」はなぜヨーロッパの社会から生まれてきたのであろうか。ホワイトヘッドによれば、それは、自然には秩序が存在するということに対する本能的ともいえる確信が、ヨーロッパの人々のなかにあったからであり、それを生みだしたのがヨーロッパのキリスト教社会であった。なぜならキリスト教をとおして、自然は神が秩序よくつくりだしたものであることへの信頼が、人々の間に広く行きわたり浸透していたからである(10)……。

このホワイトヘッドの説明は、資本制社会の成立を宗教改革後の人々の倫理観、エートスから論じたマックス・ウェーバーの論理を想起させるが(11)、確かにキリスト教的自然観の定着が、合理的な自然認識の道を切り拓いたとする彼の説は、一定の説得力をもっている。実際、自然のなかに八百万の神の存在をみたかつての日本人の自然観のなかからは、自然はひとつの合理的な体系であるというような認識は生まれてこなかったであろう。現実に日本では、伝統的な日本の自然観を神話的・寓話的なものとして棚上げする過程と、自然科学的な自然観が定着していく過程はつねに一対のものであった。

だがこのホワイトヘッドの説明は、半面での弱さももっているのである。なぜならヨーロッパの社会においてはキリスト教的なものの考え方が庶民のなかに定着していくのは、そう古いことではないからである。ヨーロッパにおいてもキリスト教は決していつの時代でも力をもっていたわけではない。あるいはちょうど日本における仏教が庶民のなかに浸透していくなかでは、本来の仏教とは異なるものに変わることによって土着化していったように、中世前期までのヨーロッパの社会では、キリスト教的合理主義は、必ずしも庶民の唯一のものではなかったはずである。私たちはいまでもスペインの農山村などに行くと、土着の信仰としてのサンタ・マリア信仰とカトリック系キリスト教の二重信仰社会をみつけだすことができる。(12)

とするとキリスト教的自然観=創造説の浸透を可能にした基盤が、それ以前の社会のなかに醸成されていたことにはならないだろうか。即ちキリスト教的自然観を受け入れていった人間たちの「精神的態度」がどこから形成されたのかを考察しなければならないのである。それはヨーロッパ中世の社会のなかで、物事を合理的に解釈する精神がどこから生まれたのかを、あるいは自然をも合理的・秩序的な体系と考える精神がいかに形成されたのかをとらえることであろう。

ところで一応ことわっておけば、マルクス主義に代表される近代批判の思想は、これまで、近代以降の社会の分析に力を注ぐあまり近代以前の社会を清算された社会とみなす立場をとってきた。確かに現代の矛盾の多くは、近代形成期の負の遺産の継承のなかにつくりだされている以上、私たちは近代市民社会、近代資本制社会の分析を避けることはできないだろう。しかし、といっても、近代以前の社会を共同体の社会として、清算された社会とみなすことも、あるいは近代以降の社会における前近代の社会の遺産の残存を歴史の遅れとみなす立場も適切であるとはいえない。それは歴史を生産諸力と生産諸関係の矛盾から説いた単純階級史観と生産力主義の弊害であって、もし歴史を人間の存在の歴史として説けば、そのような単純な結論は導きだせるはずはないのである。

実際、人間の精神の変容と歴史のかかわりをみるなら、近代社会の基礎は、ゆるやかに変わっていく中世の社会のなかで、人間たちの思考様式や価値判断、「精神的態度」が少しずつ変化していくなかに形成されている。近代における人間の精神の転換は、そのほとんどが中世後期社会のなかで育まれてきたものである。とすると中世の社会のなかでの人間の精神の変化とそれを実現した社会の変容と、近代に入って開花してくる近代的精神との関係を私たちは重視しなければならないはずである。

それに次の様な問題もあるだろう。それは近代社会は果して近代以前の社会を完全に清算することによってつくられていたのだろうかという問いである。エンゲルス的な唯物史観は、近代資本制社会は中世共同体の完全な解体の上につくられたという錯覚を与える。ここから「封建主義」の残存を歴史の遅れとみる日本における戦前の日本資本主義論争＝「労農・講座派論争」の方法も生まれてきている。(13)

しかし歴史はそれほど単線的に「進歩」するわけではない。たとえば資本制生産様式が生まれてもなお長い間マニュファクチュア的生産様式も、職人的生産様式も残っていくように、(14)ひとつの社会は、新しい生産様式、新しい社会システム、新しい精神などと、旧い生産様式、旧い社会システム、旧い精神などとの複合態としてつくりだされる。もちろんどちらが主導的な生産様式、社会システム、精神なのかという問題はあるが、ある意味では歴史はつねに過渡期として形成されつづけているのである。とすれば近代以降と以前の社会の間にある連続性をみないかぎり、近代市民社会の認識そのものが貧しいものになってしまうのである。

このような視点から歴史をみるとき、まず私が注目することは、科学的精神、合理主義的精神、功利主義的精神というような近代人の精神が、いかに中世の社会のなかで育まれてきたのかということである。それはこれまで宗教改革との関係で社会学の手によって論じられてきたことでもあるが、ここでは私はこの問題を自然哲学の視点から検討していってみようと思う。

人間たちはどのような過程を経て、合理的なものの考え方を自分たちのものにしていったのか。その答えは、私には、人間たちがいつから非合理な認識に信頼を寄せなくなったのかという問いに答えることのなかにあるように思える。

第一に自然は非合理なものであるという考え方をどうして人々は失っていったのか、第二に人間の社会は非合理なものだという感覚をどうして人間たちはもたなくなっていったのか。即ちこの問いに答えることが、自然と人間の社会を非合理なものとしてではなく、一定の秩序に貫かれた合理的なものとして人々が認めていく過程をとらえることであるように私には思えるのである。そして自然や人間の社会を合理的なものとみなすようになったとき、人間たちは合理主義的な精神を自分たちの手にしはじめていたのではなかろうか。

古代の人々は自然の世界も人間の世界も、その多くを神話的な世界のなかに説明している。それは古代の人々が、自然の世界も人間の世界も合理的、秩序的な世界であるとする考え方に信頼を寄せていなかったからであろう。その意識が逆転するには、自然も人間の社会も単純な因子によって構成され、動かされているのだということを、人間たちが信ずるようにならなければならない。それを信じるようになったとき、はじめて民衆のなかに合理的なものの考え方が定着していったのではなかろうか。

とすれば中世の社会のなかで徐々に人々の信頼を勝ちとっていった、人間の社会を構成し動かしている単純な因子とは何なのだろうか。そう考えるとき私は、中世の歴史をとおして少しずつ浸透し、中世後期、あるいは近世に入って人間社会のなかに根をおろしていく貨幣と貨幣経済の問題を考えないわけにはいかないのである。

人間の社会は様々な要素から成り立っている。血縁、結縁[15]、師弟、友情、信頼、裏切り、造反、愛、憎しみ、……、ある意味では人間の社会はそのような様々な要素の総合である。さらに一方で力の論理があり、他方で共同体内部の習慣や制度がある。その上に自然や様々な偶然が結びついてくる。もし社会をこのようなものの総合としてとらえるなら、社会は非合理な体系である。[16]

おそらくある時代までの人々にとって、社会とはこのようなものであったのではなかろうか。それは人間が生きていく上での様々な要素の総合としての社会観であり、つい最近まで山村などの古老のもっていた半面の社会観であり、世阿弥の描いた社会でもある。ところが貨幣が共同体のなかに浸透し、貨幣が社会を動かす重要な要素にまでなってくると事態は変わってくる。

貨幣には量的な合理性が存在する。もはや貨幣を蓄積した者とそうでない者との差は歴然としており、すべてのものが、最終的には人間の労働力までが貨幣によって買えるようになってくる。人々は貨幣を得るために物をつくり、商人は貨幣を蓄積するために交換にたずさわる。人間の社会が貨幣にもとづく合理性を獲得していくのである。

こうした変化がはじまるのは、ヨーロッパでは十一世紀頃からであろうし、それが社会のなかに浸透しきるのは一五〇〇年を前後する頃であろう。(17) もちろん貨幣の共同体への浸透は、それを不浄なものとみなす人々の反撥をもまきおこした。その結果ヨーロッパの社会では、中世の歴史のなかで、一方では現実に社会を動かしているものは貨幣であるというひとつの価値観、社会観が育まれ、他方そのことを認めまいとする倫理観や精神も生き残るという二重の価値観の社会がつくられていくのであり、それは宗教改革の頃までつづいていく。そしてそれは、日本の中世後期、近世の姿でもあったのである。

貨幣の浸透がなぜ人間たちに合理的な精神をつくりだしたのかについては、私は後にそれを貨幣と労働の変容の関係の考察をとおして詳しく検討していこうと思う。ただここでは次のことだけを問題にしておこう。前記したように、自然が一定の秩序、法則性によってつくられているという合理的な自然認識が生まれてくる背景には、キリスト教的な自然観があったとホワイトヘッドは述べていた。そして私は、ヨーロッパ中世の歴史のなかに、このキリスト教的自然観を受け入れていく人間たちの精神が育まれていたのではなかったかと考えているのである。

その精神とはキリスト教的合理主義を信頼する精神であり、あるいは非合理なものの考え方に価値をみいださなくなる精神である。そしてこの精神は、社会は非合理な体系だという感覚を人々が捨て去り、社会を単純な因子によって構成され動かされた世界とみる感覚をつかんだとき、成立していたものなのではなかろうか。その単純な因子こそ貨幣であり、貨幣経済である。だから、たとえキリスト教は貨幣を不浄なものとみなす人間の心情に依存して成立していたとしても、貨幣経済の介入を受けた場所から、その勢力を定着させていっているのである。貨幣の浸透は、けっして経済上の改革であっただけではない。貨幣という合理的な手段を手にしたときはじまった人間たちの精神の変容をも私たちは問題にしなければならないのである。そうでなければ貨幣の浸透が人々の社会観や自然観を変えていくプロセスをとらえることはできないだろう。

ところでコリングウッドはルネッサンス期の人々の自然観に対して次の様な分析を与えている。それはルネッサンス期に自然と同じ作用をする様々な機械が発明され、そこから自然を一種の機械として、即ち原因があり、構造と過程があり、結果があるものとして自然をとらえる思考がつくりだされたとする見解である。

「しかし十六世紀からこの方、産業革命が進展した。印刷機や水車、梃子、ポンプ、滑車、時計、手押車など、また鉱夫や技師の間で使われる夥しい機械類は、日常生活のありふれた徴候となった。誰でも自然を機械として理解した(18)」

技術的な発明はしばしば科学的な発見に先行する。今日でも光や電気の本質は必ずしも明らかになったとはいえないが、それらを利用した技術は例を上げる必要もないほど数多く生みだされている。産業革命というと私たちは人工的な動力の開発によってもたらされた十八・十九世紀の西ヨーロッパの産業革命を想起するが、その基礎になった初歩的な産業技術のかなりのものが、十六・十七世紀の単純商品経済の時代のなかでつくりだされていた。コリングウッドはここに、自然と同じ働きをする機械の出現が、自然を機械として理解する意識をつくりだしたとみている。

しかしコリングウッドもまた、なぜ産業用の機械が出現しえたのかという歴史の背景をみていない。もし庶民のなかに労働や生産を合理的なプロセスとみなす精神が芽生えていないならば、機械はたとえ発明されても宗教的神秘をかもしだす道具や貴族の趣味のなかに埋没してしまって、生産の場で利用されることのないことは、古代からの技術の歴史が証明していることである。[19] 人間の労働を客観的で合理的なものとみなす人間たちの精神が存在していたからこそ、生産の場所に機械を導入することも可能だったのではなかったか。コリングウッドは機械がルネッサンス期の社会のなかから生まれてきたと述べているが、であるとするならルネッサンス期という貨幣経済の社会の出現が、人間たちに合理的な精神をもたらし、そのことがまた生産の場での機械の発明を可能にしたのである。

私には現代における自然哲学は、人間たちが自然を客観的なもの、合理的なものとしてとらえるようになったところから開始されるように思える。自然が非合理なもの、偶然や作用の総合として認識される時代から、[20] 合理的な秩序＝法則性に支えられた客観的な体系として認識される時代へと変わっていく、ここから自然と人間の関係のなかでの巨大な革命がはじまったのである。その革命の意味をいま問いなおすこと、ある意味では本書の自然哲学はこのことのために考察されている。そしてこの自然－人間関係の革命のプロセスのなかで貨幣によってもたらされた諸結果がいかなる役割を果していたのかは、本書の全体のなかで検討される課題である。

ただここでは次のことだけを確認しておこう。それは人間たちの自然観の大転換がなかったならば、自然科学は少数の天才たちのものではあっても、けっして社会のなかに定着していくことはなかっただろう、ということである。自然科学上の発見が、人間たちに自然は客観的な体系であることを教え、技術を生みだしたわけではない。人々の間に芽生えていた物事を合理的に解釈する精神が、一方で自然科学的な自然観を受け入れさせ、他方で労働を技術化する道を切り拓いたのである。ここにおいて自然科学的な自然観は「仮説」から「真理」へと転換した。

自然哲学は全自然史を考察する学問でも、自然の概念や構造を研究する学問でもない。それは自然と人間が交錯する世界を解き明かす学問である。

そして、そのような立場にたつとき、私の自然哲学は、自然と人間の関係に巨大な変化が生じる中世後期の自然－人間関係の考察からはじめられなければならない。貨幣と貨幣経済の浸透によって合理的な社会観や精神を身につけた人間たちが、自然をも客観的な対象としてとらえる意識を確立していく、この過程を労働過程論を軸に考察していく。そのとき自然－人間関係はいかなるものとしてみえてくるのか、ここに本書の自然哲学ははじまる。

二　広義の労働・狭義の労働

すべての生物は自然と交流しながら、その存在自体が自然の一翼を担うように暮している。だが人間はそうではない。人間の存在は自然に対して二重性をもっている。一面では人間もまた自然のなかで、自然の一翼を担いながら暮している。しかし半面で人間は自然から自立した存在を獲得している。

それは人間は他の生物とは異なる、人間特有の自然との交通の方法を獲得しているからであろう。前節で私は、自然科学が台頭してくる基礎に貨幣経済の浸透があり、それが自然－人間関係を変容させながら自然に対する観念をも変えていったのではないかと述べた。そのことを検討するために、ここではまず人間特有の自然との交通について考えていってみようと思う。

人間以外の生物は、自然を生きるための目的、目的的な行動の対象にしている。だからそこには、しばしば動物行動学者たちを驚かせたように、自然を直接的な目的として生きる動物たちの本能的な自己規制も働いてくる。ところが人間は、自然を生きるための手段として活用する方法を覚えた。熊や猪も木の実を拾う。そのとき熊は木の実を拾うこと自体が目的になっているが、人間は木の実を拾うことを目的とするとともに手段にしている。なぜなら私たちは拾った木の実を直接食物として供することもあれば、木の実を種として播くことも、加工して新しい労働生産物にすることもあるからである。

一面では自然の一員でありながら、他面では自然から自立した存在であるという人間的存在の二重性は自然－人間関係の様々な面であらわれてくる。ある面では動物と同じように目的として木の実を拾い、またある面では手段として木の実を拾う。一面では動物のように直接自然と対峙し、半面では自然を加工しながら、加工された自然と向い合う。このような人間特有の自然との関係の結び方、それを生みだした基礎は人間の労働の本質からつくりだされたものであろう。人間は労働という独特の生存方法を得たことにより、自然から半面において自立し、そのことによってまた自然との幅の広い交流を可能にしてしまったのである。

労働を媒介にして自然と交流することを手にしたときから、人間は自然との間に二重の関係を結んだ。人間は自然を労働の対象とし、同時に自然を手段とすることによって人間特有の労働＝労働過程を成立させる。とともに労働過程を成立させた人間たちは、そのことによって第一に物質的、精神的に自己の存在を変化させ、第二に自然をも変容させつづけることになった。労働＝労働過程は自然と人間を同時に変化させつづけるのである。

ところでマルクスは『資本論』のなかで次の様に述べている。

「労働は、まず第一に人間と自然との間の一過程である[21]」

マルクスの自然哲学の視点については後にふれるが、彼は労働が自然と人間の交通として成立していることをみている。といってもマルクスは労働が「人間と自然との間の一過程である」と言っているのであって、自然と人間の交通を労働過程として位置づけているわけではない。

マルクスのこの考え方は、現存の私たちの労働と自然−人間関係に対する暗黙の了解とも一致している。確かに労働は直接的であるか間接的であるかを問わなければ、物をつくりだす過程を労働としてとらえるかぎり、自然と人間との間の一過程として成立している。ところが自然と人間の間には精神的な関係もあるし、生活や遊びのなかでの労働外的な関係もある。それは今日の自然環境についての発言の多くが、労働の外における自然−人間関係の問題として提起されていることをみてもわかる。だがこうした暗黙の了解のなかに閉じ込もっているかぎり二つの難問があらわれてくる。そのひとつは物をつくらない労働もまた自然と人間の間の一過程として成立しているのかということであり、もうひとつは労働以外の部面での人間の自然との関係を、自然哲学はどのようにとらえるのかということである。今日エコロジストたちは労働のなかでは労働が自然の破壊にならないようなシステムを検討し、生活のなかでは人間的生活を営むためには自然との共生が必要であることを唱えているようであるが、この説明は私を満足させない。なぜなら序章で述べたように、労働の質の変容は人間の存在全体を変化させていくのであり、労働と生活を貫く統一的な理論が確立されなければ、人間の存在全体をみることも、自然と人間の関係総体をみることもできないように思えるからである。

とすると私たちは労働の概念からもう一度検討しなおしてみる必要があるのではなかろうか。ただし一応ことわっておけば、労働とはそもそも概念の統一性をもちえないかもしれない。なぜなら労働は概念を定めることによってつくりだされたものではなく、人間たちが経験的にこなしてきた行為を後から概念規定したものにすぎないからである。その結果人間の行為のどの部分を労働とみなすかは、認識主体の主観、あるいはその風土の習慣にまかされることになる。たとえばラテン語の影響を受けてつくられた言語で労働といえば、語源は労苦とか苦役に近い意味を有しているが[22]、日本語の労働はもっとおだやかな意味をもっている。労をいとわず働くことは、日本では人間の自己形成にとっても重要な役割を果すと考えられてきたように、労働のなかには労働生産物を創造することと自分自身を創造するという意味合いが秘められていて、人間の根源に触れるはるかに屈折した言葉として使われている。

その意味では労働にはそもそも統一した概念など存在しようがないのである。とすると労働の概念を問うのは意味のないことなのであろうか。そうではない。労働をどのような概念とみなすかによって、そこから何がみえてくるかが問題なのである。マルクスが労働を労働力商品の視点からみることによって、資本制商品生産の法則をみつけだしたように、経験的につくりだされてきたものを概念として認識することは、その結果のなかで意味が生まれてくる。だから労働をどのような概念として認識するかは、その認識を獲得することによって何が明らかにできるかという問題である。

ところで詳しくは後に述べるが、マルクスは労働を次のような視点からみている。労働は第一に自然の摂取＝自然の加工＝自然の人間化の過程であり、労働生産物をつくりだしていく過程である。この労働過程のなかには、労働対象、労働手段、労働そのものという三つの契機があり、労働に対する人間の目的意識性が形成されている。この労働をマルクスは歴史貫通的な使用価値をつくりだす労働としてとらえている。ところが商品経済、正確には資本制商品経済の時代に入ると、労働生産物は商品としてつくりだされるようになる。ここでは労働に対する目的意識性は労働者から剝離し、使用価値は第二義的なものになって、かわりに第一義的な商品の本質が価値に求められるようになってくる。商品は価値と使用価値の二重化したものにすぎない。即ちマルクスは使用価値をつくりだしていく歴史貫通的な労働の本質と、資本制商品経済の下での労働との両面をとらえながら、後者の労働が疎外された労働としてしか成立しえない構造をみているのである。

私の労働に対する認識もこのマルクスの労働論を端緒としている。しかし次のことには留意しておきたいと思う。それはマルクスの労働分析の目的が資本制商品経済の本質を解くことに置かれているために、物としての商品をつくりだす労働の視点から、物としての労働生産物をつくりだす労働までが俯瞰されているということである。つまり商品という物と労働生産物という物の比較を底に置いて、そこから労働が考えられている。

資本制商品経済の下での価値をつくりだす労働は確かに物をつくりだしていく過程である。もちろんサービスとか情報のような物をつくらない労働もあるが、それらもまた貨幣という物=純粋な商品の裏付けをもっている。そしてこの物としての商品は、物としての労働生産物が商品に転じてくるなかで生まれてきた。だからこの視点からみるかぎり、労働は物をつくりだしていく過程のようにみえてくるのである。

しかし資本制商品経済の論理の入らない前商品経済的な労働が、物をつくりだす過程であったのかどうかは私には疑わしい気がする。確かにいつの時代でも物をつくりだす労働は存在してきたであろう。しかし前商品経済的な労働の目的は、物をつくりだすこと以上に使用価値をつくりだすことの方に置かれていたのではないかと思うからである。

たとえば秋に山から木の実を拾い集めてきたとき、古代の人々はその労働によって物を集積したという感覚をいだいたであろうか。おそらくそうではあるまい。木の実を拾い集めることによって、これで冬が越せると感じたのではなかろうか。この冬が越せるという感覚、それは使用価値にもとづく感覚である。

この感覚はいまでも日本の山村などでは生きている。山菜を取りに行って、人々は明日の食卓を思い浮べた。薪を積み上げてこれで冬の薪に不足することはなかろうと考えた。ここでは確かに物がつくられてはいるが、人々は物をつくっているという感覚以上に使用価値をつくる感覚をもっているのである。使用価値は物を超越している。

この使用価値をつくりだすという感覚から労働をみるなら、労働はかならずしも物という対象物を生みだす必要はない。囲炉裏の火が消えないように守っているのは昔の生活のなかでは立派な労働であるが、この労働によって物がつくられているかどうかは紛らわしい。仮りに人間たちが生きていくときに必要なものをつくりだしていく過程が労働であるとするなら、その必要なもののなかにはすべて使用価値が含まれているが、それは必ずしも物としての対象物であるわけではない。なぜなら人間は物によって生きているのではなく、物を含む存在空間のなかで生きているからである。

確かに商品のなかには価値と使用価値が内在化されている。だからマルクスのようにも し価値の含まれない物を純粋な労働生産物として措定し、この労働生産物をつくりだしていく過程を労働過程としてとらえるなら、前商品経済的な労働も物としての使用価値の対象物をつくりだしていく行為のようにみえるだろう。ところがひとまず商品の問題を捨象して純粋に労働だけを考えるなら、労働とは物を含む人間の存在空間に必要な使用価値をつくりだしていく行為であって、必ずしも物としての対象物をつくりだす必要はなくなる。即ち使用価値をつくりだしていく労働は物としての実体を生みだす必要はなく、労働が物に対象化されていくときでも、その物に含まれている使用価値は、実体としての物を超えている。使用価値は二重の意味で物を超越しているのである。そのような関係が生じるのは、使用価値が物のなかに含まれている効用ではなく、人間が生きていく過程で形成された文化的所産だからであろう。(23)

私はこのような労働を広義の労働と呼んでいる。(24) つまり私が広義の労働と呼ぶものは商品経済のまだ入ってこない時代、あるいは商品が流通のなかに極めて部分的にしか入ってこないような時代には、通常おこなわれている労働全体を意味しているのであり、その頃は広義の労働というような言い方をしなくとも、ただ労働といえばそれでよかったのである。

自然と人間の交通は労働過程のなかに成立していると私が言うとき、その労働過程とは広義の労働過程のことである。

自然と人間の交通は自然の世界を人間の存在の世界のなかに移していく行為のなかに成立している。それは山から木の実を拾ってくるというような自然からの直接的な摂取も含まれるであろうし、自然の一部を加工して田畑を切り拓いたり山に木を植えたり道をつけたりして、自然空間を人間の存在空間のなかに引き込んでいく行為も含まれるであろう。自然の生産物を再加工していくことも、精神のなかに自然を取り込んでいくことも、人間の存在空間をつくることによって間接的に自然と人間の関係を生みだすことも含まれるであろう。これらすべての行為のなかに使用価値の生産があり、その使用価値とは単なる効用ではなくそれ自体が文化である。

広義の労働の視点からみるなら、人間の一生は労働過程の積み重ねのなかにある。人々は新しい使用価値を様々な場面でつくりだしながら、それを活用して暮してきた。そしてこの人間の行為が存在することを前提にして、自然は自然であり、人間は人間であったのである。

序章で述べたように、かつて山村の人々は「仕事」という言葉でこの広義の労働を表現していた。「仕事」の大半は無報酬の労働であり、しかし山村で暮す以上必要な、使用価値をつくりだしていく労働であった。この「仕事」のなかには家庭を守っていく様々な仕事から、いまではボランティア的な仕事、地域社会をつくる仕事までが含まれていたのはいうまでもない。そしてこの村人の「仕事」の世界が、山村の自然と人間の暮しをつくりだしていたのである。

ところが商品経済が浸透してくると、労働のなかに階層分化が生じてくる。商品の生産がはじまり人々が貨幣によって生きる社会ができていくにしたがって、貨幣を得るための労働だけが特別な地位を獲得してくる。その多くはいうまでもなく賃労働であるが、この商品を生産し貨幣を得るための労働を私は狭義の労働と呼んでいる。

とりあえず私は狭義の労働に、商品を生産し貨幣を得るための労働という単純な規定だけを与えておこうと思う。いわばそれは序章での言葉を使えば「稼ぎ」としての労働である。狭義の労働の発生が人間の存在や自然と人間の関係にどのような影響を与えたかは後に考察していこうと思う。ここでは次の二つのことを指摘するにとどめる。そのひとつは狭義の労働の成立によって労働の平等性がそこなわれるようになったということである。

それまでは使用価値をつくりだす行為はすべて平等に労働であったのに、このときから狭義の労働だけが特別な地位を確保して、それ以外の労働は労働の概念から滑り落ちていくようになる。そこから、かつては労働であったものに様々な概念が与えられていく。家事、趣味、遊び、ボランティア、……、それら価値はつくらないが使用価値はつくりだす人間の行為の多くは、かつての社会のなかでは労働として位置づけられていたのではないかと私は思う。

それにもうひとつこういう問題がある。狭義の労働はそれまで広義の労働の世界のなかにあった労働の一部が、商品経済の展開のなかで価値をつくりだす労働に転化することによって生まれてきたものである。この広義の労働が狭義の労働に転化していく過程では、広義の労働にあった労働の質の一部が喪失され変質していくことになる。即ち労働が価値をつくりだす労働になることによって、使用価値をつくる労働という側面は失われていくのである。それは後述するように自然－人間関係を大きく変えていくことになる。

マルクスの理論はこの狭義の労働を問題にしている。だからそれは商品をつくりだす労働の分析であり、その商品のなかに含まれている使用価値をとらえるかぎりで労働生産物をつくりだす労働の分析である。

ところで商品が成立するには二つの前提条件が必要である。ひとつはそれが量によって交換できるという量的な裏付けをもっていること、もうひとつはそれが交換される市場が形成されていることである。今日では商品は貨幣の量によって交換され、商品の流通市場を形成している。そしてこの二つの前提が満たされるなら、すべてのものは商品に転化することが可能である。

それは現実には物としての労働生産物が商品に転化するところからはじまった。その理由は物としての労働生産物が、この二つの前提条件をもっとも容易に満たすことができたからであろう。そこから商品とは物であるという観念が人々を支配していくようになる。だが本質的には商品は物である必要はない。この二つの条件を満たすようになれば、あらゆるものは商品に転じていく可能性をもっている。

かつては商品ではなかったものがひとつずつ商品に変わっていく。その代表的なものはいうまでもなく労働力商品である。そして今日ではサービスも情報も商品である。とともにそれが商品になったことによって、今度は商品としての「もの」が逆につくられてくる。書物が商品となり、次に商品としての本がつくられてくるように。即ち歴史はかつて商品ではなかったものが商品に転化し、次に商品の成立によって新しい「もの」が逆につくられてくるという経緯のなかに推移してきた。

いまこのことを労働の立場から考察するなら、以前は広義の労働の世界にあった労働が狭義の労働に転化し、そのことによってまた新しい狭義の労働が生まれてくる経緯としてとらえることができるであろう。

狭義の労働が発生したとき、それ以外の労働は価値を生まない労働として労働の概念から滑り落ちた。そしてこの滑り落ちた広義の労働の一部が狭義の労働化されることによって、再び労働の世界に復活してくる。私の訪れてきた山村では、以前は簡単な道路の補修などは無償労働として村人が総出でおこなってきた。それは使用価値は生みだすが価値は生まない労働であった。しかしいま道路の補修に村人が無償で出ていくことはない。それはいまでは労働力商品を必要とする労働の場＝狭義の労働の場である。このような現象はどこにでもあることであって、いまでは家事も教育も少しずつ狭義の労働の場に転じてきている。そしてそのことが、ちょうど教育が狭義の労働の場になることによって新しくインストラクターの労働の場が生まれてくるように、新たな狭義の労働を生んでいくのである。

ここで私が問題にしようとしていることは、このような労働の世界の変化が、自然－人間関係にいかなる変容をもたらすのかということである。それをとらえるためには、広義の労働が狭義の労働に転化していく過程で生じた労働の質の変化をみていかなければならないであろう。なぜならこの労働の質の変化のなかに、自然と人間の交通の変容は存在していると思われるからである。そして私はこの問題を、自然－人間関係のなかへの貨幣の浸透との関係のなかで論じてみようと思う。そのとき貨幣の浸透が自然－人間関係を変えながら、自然と人間の精神や社会の双方を変革していった歴史のプロセスと、資本制社会の成立過程とがみえてくるような気がするからである。

三　自然認識の変容

人間たちが自然を労働対象としてみるようになったとき、はじめにみつけだしたものは、使用価値の源泉としての自然ではなかったかと思う。石を加工して石器をつくろうと思ったとき人間たちがその石にみたものは、加工すれば立派な石器になるような石の使用価値、正確に表現すれば使用価値の源泉としての石であろう。

自然はそのままでは役に立たなくても、労働を加えれば何らかの使用価値をもった「もの」に変化する。石器、鉤、土器、そして食物も含めて多くの「もの」が自然を加工するなかでつくられてきたはずである。自然を労働の対象としてみるとき、かつての人間たちは、その対象化された自然のなかに未来の使用価値をみていたのである。ここでは使用価値の生産を目的にした広義の労働の世界がまだ生きている。

自然のなかに使用価値の源泉がある、とするとそれはどこから生まれてきたのであろうか。おそらくかつての人々は、自然の作用が使用価値の源泉を再生産していると感じていたのではないだろうか。自然のもつ大いなる恵みと言うとき、そこには自然が人間にとって有益なものを再生産してくれているという感覚がある。自然はすでにできあがり、成長を止めてしまっていて、人間はその自然を掠奪しているわけではなく、再生産されていく自然から恵みを受けている、使用価値だけが問題にされる社会にあっては、人々はこのように自然をみていたように私には思える。自然自身が再生産されつづけ、生きつづけているのである。この自然の作用のなかから使用価値の源泉も生まれてくる。

植物も動物も自然のなかで再生産されつづけている。そしてそれに労働を加えたとき、食物や衣類や住居や様々な労働手段などが生まれてくる。そこには自然の作用が使用価値の源泉を再生産し、人間の労働がそれを使用価値に変えていくという関係がつくられている。

「照葉樹林文化」の研究からの報告によれば、[25]日本では稲作が伝えられる以前から雑穀類の生産がおこなわれ、さらにその前から栗や栃を住居の近くに植える初歩的な「農業」がおこなわれていたと推定されている。いまでも農家がヤマウドやタラのような山菜を畑の脇の荒地に植えている例はよくみかけるが、それと同じようなことを古代の人々はおこなっていたのであろう。

私が釣りに訪れる山村でも、それはきわめて一般的な形態である。山や林の自然の一部を家の近くに移してきて利用する。ここでおこなわれていることは単に自然を移すのではなく、自然の作用を移すということである。自然の作用を移すからこそ、春になれば植物は芽を出すし秋になれば木の実がなる。

おそらく農業とは人工的に作物をつくることではなくて、労働を加えることによって新しい自然をつくりだし、その自然の作用によって、自然に作物をつくってもらうプロセスのなかにあるのである。それが人工的に作物をつくるだけのものになったのは、化学肥料や農薬の入ってきた戦後のことであろう。この頃から自然の作用を押さえて、科学の力で作物をつくろうとする発想が生まれてきた。

このように考えていくとき自然と人間の交通は、(一)自然の作用のなかに使用価値の源泉をみいだし、(二)それに労働を加えることによって本物の使用価値をつくりだすというプロセスのなかにあり、この経緯のなかに労働対象を労働によって加工し生産物をつくりだす過程も成立しているのである。もちろんここでの使用価値は物に対象化されている必要はない。前節で述べたように使用価値は物である必要はないし、本来、物を超越しているからである。

ところでこの自然と人間の交通は、何によって保証されていたのであろうか。それは人間の社会がまだ使用価値の社会だったことではないかと私は思う。即ち「もの」の消費や交換が純粋な使用価値の消費や交換にとどまっていて、そこに使用価値以外の要素が介入していなかったからなのではなかろうか。

もちろんそれは交換が等価交換として実現していたことを意味しない。交換は単に「もの」と「もの」の間でおこなわれるのではなく、「もの」の所有者と所有者の間で、つまり人間と人間の間でおこなわれる以上、それはつねに恣意的、主観的におこなわれざるを得ない。第二に交換は人間の暮す社会のなかでおこなわれる。その結果その社会の慣習に従って交換は実現する。即ち使用価値の社会にあっては、交換は経済的な交通である前に文化的な所産である。第三に使用価値は質的なものであって量的なものではない。そうである限り、そもそも等価であることを表わす客観的な基準はなく、それがまた第一、第二の面に交換を依存させざるを得なくしてしまう。いわばこの三つの理由によって、使用価値の交換は等価交換になりようがないのである。

私が時々訪れたある山村では、川から上ってきた私を村人はよくお茶にさそった。その村では昔からの習慣がよく守られていて、村人は私にいろいろなことを聞いた。村を訪れてくれた人はここでは自分たちの知らない未知の情報や考え方を伝えてくれる人なのである。そうして話が一区切りつく頃にはもてなしの準備が終っていた。はじめの頃は私はそれを辞退するようにしていた。自分はあつかましい訪問者であるという気持があった。ところがそうすると村人は申し訳なさそうな顔をする。私もそのうち、そのもてなしを受けるようになった。というのは未知の話を伝えてくれる人から話を聞いたこと、そこに使用価値を提供してもらったという意識がその村の人々にはあり、そうである以上自分も使用価値を返さなければ申し訳ないのである。ここでは使用価値の交換がおこなわれている。だがこの交換が等価交換になっているのかどうかは誰にもわからない。長い間培われてきた習慣がそのような交換を成立させているだけである。

労働を媒介にして、使用価値を基礎にした自然と人間の交流が実現している間は、人間の世界もまた使用価値の社会であった。自然－人間関係と人間－人間関係はつねに共通性をもっている。なぜなら自然の作用のなかに使用価値の源泉をみいだす意識は、人間の社会が使用価値の社会であるところから生まれてくる意識と不可分なものだからである。

ところで自然が作用であり、使用価値の源泉としてとらえられている間は、自然を客観的、科学的な体系としてみる認識が生まれてくるはずはない。自然は様々な使用価値を生みだす作用の総体でしかない。だから、たとえばギリシャや日本の古代の神々は、この自然の作用を司るものとして登場してくる。なぜなら自然の様々な作用がいかなる因果関係にもとづいて生まれてくるかは経験的にしか知ることができず、経験の範囲を超えるものは神の仕業と位置づけることによって神と人間の共存を、その意味で自然と人間の共存を考えるほうが、はるかに暮していきやすいからである。

作用として自然をとらえていた間は、人間たちは自然には経験的な知性によっては理解できぬ奥行きの深さがあることを知っていたのではなかろうか。経験的な知性、即ち人間が主体的に獲得した知性の限界を人々は知っていた。だから自然にはつねに未知の部分があった。

とするとこのような自然－人間関係はどのような要因によって変わっていったのであろ

うか。それはホワイトヘッドが言うように、自然は秩序だててつくられているということへの信頼がキリスト教社会のなかで育まれ、その上に自然科学的自然認識が確立された結果変化していったのであろうか。そして私はこの自然－人間関係を変容させた力は、むしろ貨幣の浸透、お金の浸透にあったのではないかと述べた。

使用価値の交換は第一に主観的、恣意的におこなわれ、第二にその風土の慣習に従って実現する。それは質的なものである以上、即ち量によって測れる価値ではない以上、そうするしかない性格をもっている。ところが貨幣を媒介にした交換が生じてくると事態は変わってくる。その「もの」の交換価値が貨幣の量、お金の量によって定められてくるからである。

それを私は擬制的な交換価値の成立と呼ぶことにしよう。本来客観的な基準にしたがって交換することのできない使用価値が、その「もの」の価格が決まることによって、その価格が使用価値を表現しているかのごとく擬制がここから発生してくる。即ち貨幣の浸透によって、使用価値という本来計量化できないものが擬制的に計量化されるようになった。これはおそらく歴史上の大革命であったのではなかろうか。質的なものが量的なものに変化し、社会と人間の精神のなかに量の概念が介入してくる、それは後に述べるように人間たちのものの考え方や、労働のあり方を大きく変え、ついには社会全体を変革していくことになった。そして今日の自然―人間関係もこのことを離れてはとらえることはできない。

ところでマルクスはその経済学＝『資本論』のなかで、使用価値と価値に対しては明確な概念規定を与えているが、交換価値にはさほどの分析を加えていない。それは労働時間の量によって決められる価値量などと違って、交換価値が客観的な基準をもたない擬制的なものだからではなかろうか。使用価値の交換に量的な基準を与えるのも擬制なら、価値が交換価値として成立するにも、まずすべての労働が社会的抽象労働と一致し、さらに価値と価格は等しいという擬制を前提とするのである。即ち交換価値とは、流通の側から定められる価格を交換価値として認めるしかないという擬制のなかにしか成立しないのである。

だがそこにどんな問題があろうとも、ものに価格が決まり、貨幣と交換されるものになった瞬間から、ものは商品としての姿をあらわしはじめる。使用価値はそのままで商品になることはできないが、それが貨幣の量によって測られるようになった時から、使用価値＝貨幣量＝価格＝商品という擬制を成立させることになる。

商品は生産過程のなかからまずつくられてくるわけではない。流通過程の側から貨幣が介入し、そのことから商品という擬態がつくりだされることによって、逆に生産過程もまた商品の生産過程に転じていくのである。だから商品の成立は一定の流通市場の存在を前提とする。

商品の発生が貨幣を生みだしたのではなく、貨幣の浸透が商品を成立させたのである。物が交換されるようになる──→交換価値が定まってくる──→交換価値を表現する第三の物が生まれる(たとえば石、貝、金、銀というような)──→それを普遍的に表現するものとして貨幣が生まれるという図式は理論的にはわかりやすいものであっても、実際には矛盾が多すぎる。なぜなら使用価値の交換と貨幣を媒介にした交換の間には質的な差違が大きすぎて、使用価値の交換が自然成長的に貨幣による交換を成立させたとはどうしても思えないからである。この両者の間では交換の概念も異なっているし、「もの」に対する人間たちの考え方も異なっている。原始的な交換と貨幣にもとづく交換の間では、質的な連続性よりも不連続性の方がはるかに大きい。とするとこの転換は外部からもちこまれた要素によるものと考えた方が自然である。この外部からもちこまれた要素こそ、貨幣の浸透だったのではなかろうか。

もちろん貨幣は本格的な貨幣経済が生まれてくる以前から、流通の補助的手段を担うものとしては登場してきている。しかしその頃は人間と人間の間でおこなわれていた恣意的、主観的な交換の過程での〝あずかり証〟的役割を果すか、その社会のなかで富をあらわす慣習的なもの、あるいは交換の慣習的なものにすぎなかったのではなかろうか。そうでなければ石のような重いものが一般的流通手段として適当であったはずはない。いまでも私たちはゲームをする時マッチ棒のようなものをゲームの進行過程の〝あずかり証〟として用いているが、原始貨幣はその程度のものとして社会の補助的機能を果していたのではなかろうか。社会が使用価値の社会としてつくられている間は、たとえ部分的にではあれ、貨幣がいま私たちが観念しているようなものとして使われていたとは思えない。

そのような補助的な貨幣が一般的な流通手段＝純粋な商品に転じていくには、使用価値が交換価値として、即ち擬制的に量によって表現されるようになる必要があったはずである。しかし私にはそれが共同体の内部から必然的に生起したものとは思えない。むしろ貨幣を一般的な流通手段とする市場経済の浸透を受け、共同体がそこにまきこまれていくなかでそれは成立したように思われる。というのは使用価値の社会と貨幣経済の社会の間の質的な断絶はあまりにも大きく、とするとこの転換を実現した要素は社会＝共同体の内部に求めるより、外部からの介入を受けたものと考えた方が妥当なのである。

そしてこの転換を促進した要因もまた歴史の偶然によるものが多かったのではなかろうか。たとえば日本でいえば応仁の乱からはじまる戦乱が一般的流通手段としての金、銀を含む貨幣の役割を飛躍的に高め、更にその頃拡大された外国との貿易がいっそうそれを定着させたように、あるいはヨーロッパでは十字軍の東征とともにはじまった大規模な人間移動が貨幣経済の発展をもたらしたように、異民族の侵入や戦争のような外部的な要因が共同体への貨幣の浸入を促進した大きな要因だったのである。

とすると共同体内部の変化が貨幣を生みだしたのではなく、はじめに貨幣があり、流通市場があり、価格があったのであって、それが逆に共同体の内部を改革していったことになる。

実際最近でも、私が訪れたような山村でそれまで残っていた使用価値の社会の側面が崩れ、それが貨幣の社会へと転じていく過程をみていると、その変化が山村社会の内部の要因から進んでいった例はほとんどない。むしろ山村が自動車を必要とする社会のなかにまき込まれ、進学率の高い社会のなかにまき込まれていくことなどによって現金収入の増大が必要になったこと、さらに山村における土木事業＝公共事業の浸透が日雇い労働の場所を拡大し、ここで支払われる日当賃金が一日の労働賃金の基準になることによって、それ以下の収入にしかならない労働を損な労働と村人が思いはじめるなどのことが、山村から使用価値の社会の残存を一掃していったのである。この場合も山村内部からの必然性によって労働力の価格が決まったのではなく、日本全体の労働力市場に山村がまきこまれた結果、はじめて山村における労働の商品の基準価格が決定されたのである。

貨幣の外部からの浸透が、社会のあり方や人々のものの考え方を変えてしまった。㈠貨幣経済の浸透が、㈡使用価値を貨幣量によって擬制的に表現することを可能にし、㈢そのことによって共同体が貨幣経済の社会のなかに組み入れられ、㈣この使用価値を貨幣量によって表現する仕組みを前提にした人間の精神や社会がつくられ、㈤それは最終的に使用価値の社会を崩壊させる、という道筋は私には強い説得力がある。もちろん、では歴史上最初に本格的に発生した貨幣はどのような過程のなかからつくられたのかという疑問も残ろうが、それもまた共同体の内部の要請によって生じたものではなく、金、銀、あるいは第三の使用価値を擬制的に評価する物が存在したことによって、それが共同体の外部との交換を可能にするとともに貨幣へと転じていったのではなかろうか。

だがその成立がいかなるものであろうとも、貨幣の社会は一度でき上ってしまえば、そこから新しい構造が生まれてくる。第一段階として、貨幣が商品を生みだし、商品経済が貨幣経済を支え、貨幣経済が商品経済を支える相互依存的な関係がつくられてくる。そしてその先に労働力商品が生まれたとき、今度は労働力商品の存在を背後にもつことによって貨幣の本質が展開していく。即ち本来の貨幣と商品、労働力商品の関係が成立していくのである。

貨幣についての分析に私は三つの分析視角があるのだと思う。ひとつは貨幣がいかなる機能と役割を果しているのかをみる機能論的分析、第二は貨幣がいかに生まれたのかを考察する発生史的分析、第三は人間たちはなぜ貨幣を貨幣として承認するようになったのかという精神的な分析である。私はこの三つの視角からの検討の上に貨幣論を展開しないかぎり、貨幣の本質はとらえられないのだと思う。ところが多くの場合、貨幣のこの第三の側面が見落されてしまう。だから使用価値の社会が貨幣経済の社会に転じていくときの、人間の精神やものの考え方の断絶が見失われ、それを説明する論理を生みださないのである。(26) しかしそれも商品の前に貨幣があり、しかもそれが外部から持ち込まれたものと考えれば説明がつく。

さて本題に戻ろう。私がこのことを問題にするのは、使用価値の社会が貨幣の浸入を受けたとき、人々の精神や社会がどのように変わったのかを問うためである。というのは貨幣の浸透によって人々は、貨幣の流通のなかに経済があり、貨幣＝お金は力であることを、そしてこの関係のなかに人間の社会が成立しているという考え方を獲得していったのではないかと思うからである。しかもすべてのものは貨幣によって計量化できることを知ったとき、人間たちは量による認識を、量にもとづく合理的な認識を身につけていった。社会はお金の秩序の上に成り立っている！　即ち人間の社会が貨幣という単純な一要素にもとづいた秩序であるという考えを身につけた。

それが人間たちの自然認識をも変えていったのではなかろうか。使用価値の社会にあっては自然は作用の総体として認識されていた。そうであるかぎり自然は量的合理性も秩序ももたない。ところが使用価値が擬制的に計量化されるようになれば、どうしても自然のもつ〝使用価値〟も計量的にとらえようとする発想がでてくる。そこから〝使用価値〟の保有者としての自然が客観的にとらえられていく。人間の社会と同じように、自然もまた合理的なものとみなされる下地はでき上っているのである。

おそらく実際には次のようなものであったであろう。貨幣経済が浸透し人間たちが貨幣の存在を前提とする精神＝貨幣崇拝を身につけたとき、自然＝作用の総体という旧い考え方は転換されなければならなかった。貨幣の時代にふさわしい自然認識を人々は必要にしはじめていた。その要請に対する最初の答えがヨーロッパではキリスト教的自然観、即ち自然は神のつくりだした合理的な秩序であるという考えだった。社会にそのような基礎があるから、キリスト教的な自然観に人々は無条件の信頼を寄せたのである。そしてこの土壌の上に、自然科学的な自然観は成立し人々に受け入れられていくようになる。

ところで使用価値の社会にあっては、交換は物と物との交換である前に、人間と人間の交換であった。それ故に交換は恣意的、主観的に、あるいは習慣に従属するかたちでおこなわれる。ところが使用価値が量的にとらえられるようになってくると、交換もその量と量の交換になってくる。たとえば一反の反物と一俵の米の価格が同じであるとすれば、ここでは等価交換というかたちでの反物と米の交換が可能になるだろう。即ち所有者と所有者の間の人間関係のなかで成立していた交換が、純粋に物と物の交換に変化してくるのである。

それは人間たちに、人間から自立した物と物の交通が存在することを教えたのではなかろうか。人間の社会から物の社会への最初の礎石はここに築かれている。

そして、そのことが自然と人間の関係にも転機を与えたのではないかと私は思う。かつて自然の作用のなかに使用価値の源泉をみいだしていた人間たちは、この転機を経て、自然のなかに「量的に把握される使用価値」をみつけだすようになった。しかも「量的に把握される使用価値」とは、最終的には貨幣量によってつかみとられる「使用価値」のことである。この視点からみるかぎり自然は未知の領域をもつ作用でも非合理なものでもなく、人間にとっては極めて合理的な対象である。

それは自然と人間の交通としての労働過程のあり方も変えていくことになるだろう。自然の作用に労働を加えて使用価値をつくりだすというかつての労働過程は、次第に自然のもつ量的な「使用価値」に量的な労働＝作業量としての労働を加えて、量的な使用価値を商品としてつくりだす過程へと変わっていく。即ち自然と人間の交通が量的合理性を獲得していくのである。それはこれまでの記述にしたがえば狭義の労働過程が発生する道筋である。

私は中世後期の長い時間帯のなかで、少しずつ、ゆっくりと、人間の世界にこの大きな変化がすすみ、それがまた少しずつ自然と人間の関係を変革していったのではないかと思う。そうして、それが民衆のなかに浸み渡っていったとき、歴史は近代の革命を用意しはじめたのではなかったか。次に私はこの変化によって自然と人間の交通がいかに変わっていったのかをみていこうと思う。

四　歴史の変容について

近代以降の歴史の展開の原動力となった商品経済＝貨幣経済や基本的な生産技術、自然科学的な認識などは、すべてが中世後期の社会のなかから生まれてきている。そして人間たちが科学的な発想や合理的な発想を身につけていったのも、やはり中世後期の歴史のなかでである。ただしこの変化は長い時間帯のなかで、少しずつ進んでいる。

あるいは次のように言い換えることができるかもしれない。中世後期の長い時間のなかで培われてきたものの考え方、経済システム、自然科学的な自然像などが、生産－労働過

程のなかに入りこみ一定の基盤を確立したとき近代への幕は開いていたと。(27)

このことは歴史を自然と人間の関係からみていくときいっそう明確になってくる。自然を客観的な体系としてみることも、それ故に自然の本質は自然科学的にとらえることができるという了解も、どちらもが中世後期の社会のなかでゆっくり醸成されてきたものである。自然を「量的に把握された使用価値」として対象化する認識や自然科学的な自然像が確立していなかったならば、これから検討する近代資本制社会における自然と人間の関係は成立しなかったであろう。

ところで人間たちが新しいものの考え方を身につけたとき、それまでの考え方は社会のなかから消え去ってしまうのであろうか。私はそうは思わない。人々のものの考え方にかぎらず旧社会の社会観、人間観、自然観、社会システムなどは、社会の仕組みが変わっていくなかでその社会の支配的な地位から滑り落ち、補助的な地位にまわるのである。

たとえば最近の社会学は、貨幣が支配的な役割を担えなかった時代には贈与が交換の基本的な役割を果していたことを明らかにしているが、この贈与という形式は貨幣経済の時代に入ってもなくなったわけではない。ただ交換の支配的な地位から滑り落ちただけであり、お金で処理できない人間と人間の関係を守る手段としては贈与はいまでも生き残っている。交換の支配的な方法でなくなってからは、贈与は非貨幣経済的な人間関係を守る手段として、即ち補助的、儀礼的な交換システムとして守り抜かれながら、このことの存在がまた貨幣にもとづく交換のシステムを維持する潤滑剤の役割を果しているのである。

同じことは様々な面でもいえるだろう。たとえば旧社会では人間の社会は信頼、友情、血縁、結縁等々の人間関係の総体としてみられていたのではないかと前に述べたが、そこに貨幣経済が浸透し、人間の社会が貨幣という単純な一要素によって成り立つ秩序のなかにつくられていることが理解されるようになっても、信頼や血縁、結縁といった旧社会の論理は失われてしまったわけではない。それらもまた社会の支配的な構成から滑り落ち、貨幣経済だけでは守りきれない人間と人間の関係を支えるものとして、即ち社会の補助的役割に回りながら、道徳や倫理というかたちで生き残るのである。

自然に対する認識も私は同じことだと思う。自然が自然科学的な秩序の世界であることが了解されるようになっても、旧社会の自然観は自然の説話や自然に関する神話として、あるいは人々の素朴な自然観として残ってきたのである。

たとえば柳田国男を代表とする民俗学者たちが集めてきた自然に関する様々な民間伝承は、第一にそれは旧社会の人々の自然観であり、第二にその自然観が社会の支配的な地位を滑り落ちたが故に、第三に、しかし新しい合理的な自然認識だけでは自然と人間の関係の世界が説明しきれないが故に、補助的な自然観として生き残ってきたものである。

歴史は一度にすべてが変わってしまうことはない。旧社会のなかでは補助的な役割しか担っていなかったシステムやものの考え方、人間の精神などが次第に支配的な地位を確立していく。そのとき社会の変革は実現する。だがそのときも旧社会を支えた様々なものは、支配的な地位から滑り落ちて、補助的な役割に回って生き残るのである。なぜそうなるのかといえば歴史が人間の歴史である以上、新しいシステムや新しいものの考え方、人間の精神だけでは、人間と人間の関係も、人間と自然の関係も維持できないからであろう。

それ故に旧社会のシステムや精神は、時に儀礼として、時に説話や神話として、時に道徳や倫理として、様々なかたちのなかで残っていく。いま私たちが、たとえば古代人の神話の世界というとき、この表現は必ずしも適切ではない。なぜならそれは古代人にとっては神話でも何でもなく、当時としての当り前の認識を表明しているにすぎないからである。それが神話になったのは、そのようなものの考え方が歴史の変化によって支配的な地位を失ったからであろう。そして新しい社会が旧社会のシステムや精神による補助を必要としなくなったとき、儀礼や道徳、倫理や説話や神話も最終的に生命力を失って、単なる過去の記録になっていくのである(28)。

それは資本制生産様式が商品生産の支配的な地位についてからも、職人や芸術家たちの非資本制的商品生産の形態が残っているのと同じことであり、さらに商品生産化されていない使用価値の生産も私的な領域や家庭、友人関係のなかでは残っているのと同じである。人間の社会を維持するためにそれらが必要な間は、即ち資本制商品経済のシステムと論理によってのみ社会を律してしまうことに無理がある間はそれらは生き残りつづけるだろう。だがそのことは逆からみれば、それら旧社会から受け継いだものを必要としない社会がつくられたとき、それらのものは淘汰されていく運命にあるのである。

「社会の物質的生産諸力は、その発展のある一定の段階において、そのときまでそれがそのうちで運動してきたところの現存の生産諸関係と・あるいはただその法的表現にすぎない所有諸関係と・矛盾するようになる。これらの諸関係は、生産諸力の発展形態からその桎梏に転化する。そのとき社会革命の時代がはじまる」(29)

マルクスは有名な『経済学批判』序言のなかで、歴史の変化をこのように説明している。生産諸力と生産諸関係が矛盾するようになる、そこに歴史の発展をみたこの記述はまさしく唯物論的である。しかし歴史はこのように単純に変化していくことはない。ここには歴史を経済決定主義的にとらえてしまうマルクスの負の一面があらわれている。

それまでの社会のなかでは補助的な役割を担っていたシステムや人間の精神が広範な基盤を獲得し、社会のなかでの支配的な地位を確立していく、そして、それまでの社会の支配的なシステムや精神を乗り越えようとするとき社会革命はおこってきたのではなかったか。ちょうど中世の社会では補助的なシステムであった商品経済が次第に支配的な地位を確立し、ついには生産‐労働過程の内部や人間の存在そのものまでをも商品経済の論理によって律していかなければならない段階にまで達したとき近代革命が生起したようにである。この視点からみていくなら、中世の社会のなかでは商品経済とそれに対応する人間の精神が長い年月のなかで少しずつ浸透し、ついには支配的なシステムや精神になっていくという穏やかな社会変革があり、それに対して商品経済の論理が生産‐労働過程のなかに浸透しそこでの支配的なシステムになっていく近代への変化は急激に起ったが故に、それは過激な社会革命を伴ったとみることができるのである。

ここでこのようなことを述べてきたのは、もちろんマルクスの史的唯物論を批判することに主要な目的があるわけではない。そうではなく自然と人間の関係の変容を歴史的にみていくためには、どうしてもこのような歴史観を必要とするように思われるからである。商品経済の論理が自然と人間の関係のなかにまで浸透していったとき、価値の生産を目的とした自然と人間の交通が次第に支配的な立場を確立していく。それは狭義の労働が基軸的な地位を獲得していく過程である。しかしそのときも、自然の作用のなかに使用価値の源泉をみいだし、そこに労働を加えて使用価値をつくりだしていくという旧社会の自然と人間の交通が消え去ってしまうわけではない。それは労働の概念から滑り落ちながらも、広義の労働の世界のなかで生きつづける。この両面を正しく認識しないかぎり、私には近代以降の自然－人間関係の全体像はとらえられないような気がする。

しかも旧社会のシステムや精神が滑り落ちていくプロセスは、部分的には今日でも生じているのである。たとえば序章で述べたように、かつて村人のなかにあった「仕事」と「稼ぎ」の使い分けがなされなくなっていくプロセスなどは、そのひとつの例であろう。使用価値をつくりだす労働を「仕事」と呼び、貨幣のための労働を「稼ぎ」と呼びながら、「仕事」が「稼ぎ」よりも上位にあると考えてきた村人の精神は、貨幣経済の時代に生きる山村の人々が旧社会のものの考え方との調和点を求めて築き上げたものであった。だが戦後の日本の高度成長期が終り、商品経済にもとづくシステムや精神が山村のなかに確固とした根を張りめぐらしたとき、旧社会から受け継いできた「仕事」感覚は精神のなかから淘汰されてしまったのである。

自然哲学は自然と人間の間に成立する交通をとらえる学問である。人間は自然との間に人間特有の交通を確立することによって自然から自立した。そしてその交通を私は広義の労働、広義の労働過程として分析しようと試みた。この広義の労働、広義の労働過程のなかに自然と人間の交通が成立する点からみていけば、私たちはそこに歴史貫通的＝時間普遍的な自然－人間関係が成立していることを発見するであろう。

しかしこの広義の労働、広義の労働過程のなかから狭義の労働、狭義の労働過程が生みだされ、しかもそれが基軸的な労働、労働過程へと、さらには基軸的な自然と人間の関係へとなっていくプロセスのなかで、自然－人間関係は歴史段階的に変容しつづける。その最初の変容は貨幣経済の浸透によってもたらされた。使用価値の社会が貨幣経済の社会へと変わっていくなかで、自然－人間関係は最初の転換を開始する。それは自然－人間関係を、労働過程としての自然と人間の交通をいかに変えていったのか。私はこのことを次章で考えていってみようと思う。

五　マルクスの自然哲学について

自然哲学とは自然を哲学的に考察するための学問である、これまでの自然哲学はこの命題の前にひざまずいてきたように私には思える。もちろん哲学が全学問の体系であることを意味したヨーロッパの古代や中世の時代なら、自然哲学が自然科学であり物理学であったとしても何も不思議ではない。しかし自然科学が哲学から独立し、自然科学的な自然像が確立されてから以降、この命題を守ることは自然哲学の自己解体を意味していったのである。そして実際この立場からは二つの自然哲学の方法しか生まれてこなかった。ひとつは自然科学が明らかにした自然の構造やその時間的変化を哲学的観念のなかで再構成しようとする仕事、その代表はエンゲルスによって提唱された自然弁証法であり、それは日本においても一時期、自然哲学=自然弁証法といってもよいほどに一般化された。

第二はカントに代表される自然科学的認識を人間の認識行為のなかに位置づけ、その可能性と限界を哲学のなかで明らかにしようとする作業であった。それは認識論のなかに自然科学的認識を包摂しようとする研究である。もちろん今日においては、その両者をつなぐ自然哲学の考察もみられる。たとえば前記引用したコリングウッドの研究は、自然科学の成果を認識論のなかで再構成し、そこに人間による自然認識の世界をみつけだそうとしている。(30)

このような自然哲学の歴史をみていると、私には自然科学の成果という巨大な呪縛から逃れられない自然哲学の道程がみえてくるのである。果して自然哲学とはそのようなものなのであろうか。その前に、もしそうであるならば、自然哲学は自然科学の前にひざまずきつづける貧困な学問でしかあり得ないだろう。自然科学自体が著しく先に進んでしまった今日では、おそらくカントの認識論の水準さえ自然哲学は獲得できないであろう。

一体自然哲学とは何を明らかにする学問なのか、私たちはそのことから問い直す必要性に迫られていたのである。

ところが二十世紀後半に入って、自然哲学の外から自然に関する新しい問題が提起されはじめた。それは言うまでもなく公害問題であり、自然の破壊に対する批判であり、自然保護の思想であった。そこからは人間の「自然性」を取り戻そうとする思想から、生態系の理論、生命系の理論までが生まれてきている。現代社会がもたらした自然の崩壊を前にして、自然哲学の外では自然の思想が明らかに活況を呈しはじめている。

私の問題意識のなかでもこの問題は大きな比重をしめている。私がこれまで考察してきた労働存在論－労働過程論の研究のなかでも、そこにある矛盾のひとつは自然との自由な交流を果しえなくなった労働の現実であり、それと比例するように高まってきた労働のなかでの人間－人間関係の崩壊であった。そして何よりも私自身自然の川がなくなっていくなかで釣りのフィールドを失いつづけてきた。

しかし今日の自然の状況、自然と人間の状況に淋しさを感じながらも、私はなお当面は、少なくともこの本のなかでは、自然の回復を声高に主張するのは思いとどまろうと思う。なぜなら自然哲学がこれまで自然を認識する学問であったこともあって、思想史は自然と人間の関係をほとんど何も明らかにしてきていないからである。自然と人間の関係とは何かも、それは歴史的にいかに変容してきたのかも、そして自然と人間の関係が変わっていくことの意味もである。そしてそうであるかぎり、現在の自然と人間の関係のなかにある矛盾を総合的に抽出することは不可能になるだろう。自然哲学は未成熟なのである。にもかかわらず自然哲学を確立しようとする努力を抜きに今日の自然を語ることは、自然の現状に対する対症的な告発を重ねていくばかりになるだろう。

自然－人間関係から資本制社会と今日までの歴史をとらえ直す、それができなければ私には今日の自然と人間の矛盾を根本からみつめることはできないように思えるのである。

そのような私の問題意識を満足させた自然哲学を私は知らない。だがこの自然哲学の考察をすすめていく上で、私はやはりマルクスから大きな示唆を与えられている。故にこの節ではマルクスの自然哲学について触れておきたいと思う。

ところでマルクスの自然哲学について検討する前に、エンゲルスの自然弁証法に少しだけ触れておこう。なぜならそれはエンゲルスのものであったにもかかわらず、長くマルクス主義の自然哲学として思想史の上に君臨してきたものだからである。

「理論的自然科学の進歩は、おそらく、私の(自然哲学の——引用者)仕事の大部分または全部を不要にするであろう。なぜならば、大量に堆積する純粋に経験的な諸発見を整理するという必要だけによっても理論的自然科学に強要される革命は、自然過程の弁証法的性格をいかに頑固な経験論者にもますます意識させずにはおかないような性質のものだからである」(31)

自然の構造と自然の歴史自体が弁証法的である！　エンゲルスの自然弁証法はそれにつきるのであり、それを証明するものが彼にとっては自然科学である。

「(ルネッサンス期までの自然認識の特徴は――引用者)自然は、たとえどんなしかたでできたにせよ、ひとたびできてきてある以上、それが存続するかぎりは、いつまでも同じ状態をつづける」と考えられてきた。だがいまでは「かく硬直した自然観」は打ち破られた。「地球と全太陽系とは、時間の経過とともに生成」していくと考えられるようになった。全自然は「最小のものから最大のものにいたるまで……原生物から人類にいたるまで一切が、永遠の発生と消滅のうちに、たえまない流転のうちに、おやみなき運動と変化のうちに存在をもつ」と理解されている。(32)

このような文章を読んでいると、エンゲルスが新しく台頭してきた自然科学にいかに勇気づけられ、感動したかがわかる。だがここには自然哲学はない。なぜなら自然哲学にとっての自然とは、客観的な体系としての自然＝自然科学のとらえる自然ではなく、人間の主体と関係をもつことによって成立している自然だからである。エンゲルスは自然哲学の対象としての自然の意味がわかっていない。それが自然弁証法を空疎な理論にしてしまう。自然とはこの二つの自然、即ち自然科学の対象とされるような自然と自然哲学の対象とされる自然との重なり合うなかに、本当の姿をあらわすのである。

ところがマルクスは、その後の「マルクス主義」の誤解に反して、はじめからエンゲルス的な自然哲学の立場はとっていなかった。もちろんマルクスは自然哲学のまとまった著作を残していないから、私たちは彼の著作の断片のなかにマルクスの自然哲学観を読みとることができるだけである。[33] だがその断片のなかからもエンゲルスとの相違はみえてくる。私が強くそのことを意識したのは次の文章の重要性に気付いたときからであった。

「われわれはただ一つの科学、歴史の科学を知るだけである。歴史は二つの面から考察され、自然の歴史と人間の歴史とにわけられることができる。けれどもこれら両面はきりはなされてはならない。人間が存在するかぎり、自然の歴史と人間の歴史とはたがいに制約しあう。自然の歴史、いわゆる自然科学はここではわれわれの問題とはならない[34]」

マルクスの自然哲学への視点はこの『ドイツ・イデオロギー』の一節のなかに表明されている。自然の歴史のなかに人間の歴史を、人間の歴史のなかに自然の歴史をみなければならない、マルクスの視点は明確である。

マルクスは自然―人間関係のなかに成立している自然をみている。そしてその自然のなかに人間の歴史をみている。それはエンゲルスの自然弁証法とは対象にされている自然も、自然哲学への視点も全く異なっている。そしてここにマルクスの自然哲学観があることを知るとき、『経済学・哲学草稿』の次の文章も自然哲学上の意味をもっていることに気付くのである。

「人間の普遍性は、実践的にはまさに、自然が⑴直接的な生活手段である限りにおいて、また自然が⑵人間の生命活動の素材と対象と道具であるその範囲において、全自然を彼の非有機的肉体とするという普遍性のなかに現われる。自然、すなわち、それ自体が人間の肉体でない限りでの自然は、人間の非有機的身体である。人間が自然によって生きるということは、すなわち、自然は、人間が死なないためには、それとの不断の〔交流〕過程のなかにとどまらねばならないところの、人間の身体であるということなのである。人間の肉体的および精神的生活が自然と連関しているということは、自然が自然自身と連関していること以外のなにごとをも意味しはしない。というのは、人間は自然の一部だからである[35]」

『経済学・哲学草稿』におけるこのマルクスの思想は、もちろん一面では混乱している。というのは人間は単なる自然の一部ではないことをマルクスはみていない。労働過程を所有することによって人間は自然から自立した動物になった。そして自然から自立した上で、自然との間に人間特有の交通を取り結ぶようになった。即ち人間は労働過程を獲得することによって自然から自立し、自然から自立したことによって新たな労働過程を構築する。この点に関する限り、いまだ労働論―労働過程論を確立していない『経済学・哲学草稿』時代のマルクスの混乱がここにはある。

だがそれでもなおこの文章のなかに若い頃のマルクスの自然哲学への視点は基本的に出されている。人間と自然は「不断の〔交流〕過程」のなかにあり、この交流過程を媒介にして「人間は自然の一部」であり、「人間の肉体的および精神的生活」は「自然と連関している」、こうマルクスが述べるとき、少なくとも彼は人間との関係のなかに成立している自然を、そして自然と人間の関係をみようとしている。

即ちマルクスは自然哲学が自然科学とは異なる学問であることを、自然と人間の交流のなかに自然哲学のみなければならない本質があることを、自然と人間の交流は労働の問題として抽出しなければならないことを、萌芽としてはすでに『経済学・哲学草稿』の時代からみているのである。それが全面的に明らかになるためには、私たちは『資本論』のマルクスを待たねばならない。

『経済学・哲学草稿』のなかにマルクスは次のような記述も残している。〝以前は自然と人間は統一された世界を形成し、人間は精神的にも肉体的にも自然と深い絆を結んでいた。だがこの自然と人間の関係は「私的所有」のもとでは崩れ去ってしまった。なぜなら資本制社会のもとでは、自然が私的生産のための手段にされてしまっているからである。それは自然を疎外するだけではなく人間自身をも疎外し、ついには個の類からの疎外をもたらしていく……〟

一応ことわっておけばここで使われている「類」という言葉には二重の意味が付与されている。ひとつは、人間は人間という類の一員であるという意味、もうひとつは自然を含めて、即ち自然と人間の総体のなかの一員として人間は類的存在であるという意味である。だから次の様な文章も書かれる。

「人間は一つの類的存在である。というのは、人間は実践的にも理論的にも、彼自身の類をも他の事物の類をも対象にするからである[36]」

人間は「彼自身の類」＝人間としての類の一員であり、同時に「他の事物の類」をも含めて、全自然としての類の一員である。『経済学・哲学草稿』におけるマルクスは一貫してこのような立場をとっている。だから「生産的生活は類生活である。それは生活をつくりだす生活である[37]」というとき、その「類」は人間としての類を意味し、「人間は普遍的に生産する……人間は全自然を再生産する[38]」というときは、全自然の一員としての類的存在をマルクスはみているのである。とともにこの二重の意味での類生活が崩れていくこと、即ち個と類が疎外された関係を取り結ぶことのなかに、彼は資本制社会の矛盾をみていた。

「疎外された労働は人間から、(1)自然を疎外し、(2)自己自身を、人間に特有の活動的機能を、人間の生命活動を、疎外することによって、それは人間から類を疎外する。すなわち、それは人間にとって類生活を、個人生活の手段とならせるのである[39]」

『経済学・哲学草稿』では、マルクスが独自の経済哲学を確立する以前の未整理な問題意識が叙述されている。しかし、にもかかわらず、マルクスの次の様な視点だけは明らかにされている。それは自然の問題は人間の問題であること、そして自然－人間関係の矛盾と人間－人間関係の矛盾は同じ軌跡のなかで発生し、その底には「私的所有」－「疎外された労働」という資本制社会の問題が横たわっているということである。

もしマルクスが「自然哲学」の研究を残していたなら、私は彼はこの視点を入口にしてその研究をすすめたのではないかと思う。そうでなければ前記引用したような「人間が存在するかぎり、自然の歴史と人間の歴史はたがいに制約しあう。自然の歴史、いわゆる自然科学はここではわれわれの問題とならない[40]」という記述は生まれてこなかったであろう。

自然の構造や歴史を解くのではなく、自然－人間関係の変容を問題にし、その自然－人間関係の変容によって、人間－人間関係、人間の社会、人間の精神はいかに変わっていくのか、即ち自然と人間の関係からの資本制社会の再認識が自然哲学でなければならないことを、私はマルクスの問題意識のなかから学んだ。

しかし『経済学・哲学草稿』では、そうした資本制社会の矛盾が生みだされる根拠としては、「疎外された労働」の社会が自然を私的生産の手段としてしまうという水準でしかとらえられていない。即ち自然と人間の交通の内部にまでたちいって、その質の変容にまで遡り、その問題を存在論的に明らかにするまでには至っていない。そうである以上自然－人間関係の変化のなかに、使用価値の社会から価値の社会への変遷があることも、資本制社会における自然－人間関係の矛盾も、本当にはみえてこないはずである。

このような視点からみればマルクスは生涯自然哲学の洞察をすすめることはなかった。しかし『資本論』のマルクスは『経済学・哲学草稿』の頃よりはいっそう深い自然哲学への示唆を与えるようになる。というのは『資本論』では自然と人間の交通が労働過程として明確に把握されるようになるからである。

「労働は、まず第一に人間と自然とのあいだの一過程である。この過程で人間は自分と自然との物質代謝を自分自身の行為によって媒介し、規制し、制御するのである[41]」

労働は自然と人間の交通として成立している。この交通によって人間は自分自身を物質的、精神的に変えつづけ、またそのことによって自然も変わりつづける。前記したように、自然は固定化されたものではなくつねに変わりつづけているのである。第一に自然自体の作用のなかで、第二に自然の世界に人間が関係することによって、である。『資本論』のマルクスは自然と人間の交通に労働を置くことによって、このことを正しくみている。

「人間は、この運動(＝労働――引用者)によって自分の外の自然に働きかけてそれを変化させ、そうすることによって自分自身の自然〔天性〕を変化させる[42]」

自然哲学が労働の哲学あるいは労働過程論を必要とするのは、第一に自然と人間の交通が労働をとおして実現しているからであるが、第二に自然も人間も労働を媒介にして変化していくという相互関係を生じさせているからでもある。『経済学・哲学草稿』で述べられていた自然－人間関係と人間－人間関係は同時に変化していくというマルクスの問題意識は、その自然－人間関係の中心に労働を置き、労働の変化が自然－人間関係を変えることによって自然も、人間も、人間－人間関係も変わっていくとみるときはじめて説明可能なものになる。

ところで言うまでもなく『資本論』は資本制生産様式の内部の法則性を説くことに重心が置かれている。その視点からは労働は価値を生みだす労働としてとらえられる。しかしこの労働のとらえ方は、背後に全歴史を貫くもうひとつの労働の意味をみることによってはじめて完結しているのである。即ち前者が資本制段階における特殊な労働の意味であるとすれば、後者は歴史貫通的＝時間普遍的な労働の意味である。この二つの労働の意味をとらえることによってマルクスの労働理論は本来の理論構造を確立する。

おそらく『資本論』のマルクスが『経済学・哲学草稿』の第一草稿であれほど問題にした「疎外された労働」の記述を残していないのはそのためであろう。『経済学・哲学草稿』で問題にされたものは労働が労働から剥離されるということであったが、『資本論』では歴史貫通的な使用価値をつくりだす労働と、資本制段階的な価値をつくりだす労働との矛盾的統一のなかに資本制生産様式のもとでの労働が成立するという視点が確立されているからである。その意味では「疎外された労働」という表現を『資本論』のマルクスは必要としなくなっていた。(43)

そして、またそうであるからこそ、私たちはマルクスの労働理論を自然哲学の視点から読み直すことができるのである。なぜなら自然哲学のなかでは、歴史貫通的な自然と人間の交通と資本制段階的な自然と人間の交通の関係を認識することが必要になるからである。ところで『資本論』のマルクスは、自然と人間の交通としての労働をみることによって、『経済学・哲学草稿』のなかにあった自然と人間を一体視する認識を抜けだしている。即ち彼は『資本論』では人間特有の労働をとらえる視点を確立しているのである。

「最古の人間の洞窟のなかにも石製の道具や石器の武器がみいだされる。加工された石や木や骨や貝がらのほかに、人類史の発端では、馴らされた、つまりそれ自身すでに労働によって変えられた、飼育された動物が、労働手段として主要な役割を演じている」(44)

人間特有の労働は、ひとつの視点からとらえれば、人間が労働手段を所有することによって成立する。なぜなら労働手段をもったとき、人間たちは、その労働手段(＝道具)、それによって加工されるもの、すなわち自然(＝労働対象)と、道具を使うもの(＝労働力)の三つのものの関係を見定めているからである。それが自然と交通するということを人間にもたらした。動物のようにその「労働」がまた自然のなかに埋没しているのではなく、自然をひとつの対象としてとらえ、その対象との間に交通関係を取り結ぶのである。

マルクスは『資本論』のなかで次のように述べている。

「労働過程の単純な諸契機は、合目的的な活動または労働そのものとその対象とその手段である」(45)

労働過程をとおして、人間は歴史貫通的な自然と人間の関係を成立させる。これまでの私の表現にしたがうなら、自然と人間の交通のなかには、つねに広義の労働、広義の労働過程が存在しているのである。ただし自然哲学の視点からみていくなら、このマルクスの労働過程の諸契機のとらえ方は、次の一点において私を困惑させる。それはマルクスが労働過程の諸契機のひとつに労働力ではなく労働そのものを設定していることに対してである。

なぜなら人間の労働は労働手段と労働対象が存在することによってはじめて成立しているのであり、即ち自然と人間の交通そのものである労働と、その内部の諸契機を同一のレベルで論じることはできないと思うからである。いわば労働手段や労働対象は労働が成立するための内的契機であって、その内的契機と労働が同じレベルで労働過程を構成するわけではない。とすると労働過程を成立させるために必要な諸契機は、あくまで労働対象、労働手段、そして労働力である。

マルクスは労働を二つの視点からみている。前記したようにそのひとつは歴史貫通的な使用価値をつくりだす労働＝労働過程における労働であり、もうひとつは歴史段階的な価値をつくりだす労働＝資本制生産様式のもとでの労働である。そこからマルクスは労働力化されない労働を労働過程の契機としてとらえたのであろうが、自然哲学の視点からみれば、労働はあくまで自然と人間の交通そのものであって労働過程の一契機ではない。(46)

すべての生物は自然と交流している。そして人間は道具＝労働手段を所有することによって、加工される対象としての自然をみつけだした。この労働対象としての自然を加工していくプロセスが労働過程である以上、労働過程の諸契機は労働手段、労働対象、労働力である。この三つの関係を確立することによって人間は自然から自立し、自然との間に交通関係を取り結ぶようになったと言ってもよいであろう。

そして、そうとらえることによって、はじめて労働力とは何かが問題になるのである。もちろん資本制生産様式の下での労働力ならその概念は明確である。第一にそれは労働力という商品であり、第二に生産過程のなかではいかなるものもつくれる、その意味で普遍的な使用価値をもった商品である。だがここでは私は歴史貫通的な労働力の概念を問わなければならない。そのとき問題になるのは労働力のなかに内化されている、肉体的、精神的な労働力能である。そして自然哲学にとって重要な点は、労働の精神的力能が、自然－人間関係にいかなる影響を与えるかである。そのような問題意識をもちつつ、ここではもう少しマルクスの文章を読んでいってみることにしよう。

「蜘蛛は、織匠の作業にも似た作業をするし、蜜蜂はその蠟房の構造によって多くの人間の建築師を赤面させる。しかしもともと最悪の建築師でさえ最良の蜜蜂にまさっているというのは、建築師は蜜房を蠟で築く前にすでに頭のなかで築いているからである。労働過程の終りには、その始めにすでに労働者の心像のなかには存在していた、つまり観念的にはすでに存在していた結果が出てくるのである。労働者は、自然的なものの形態変化をひき起すだけではない。彼は自然的なもののうちに、同時に彼の目的を実現するのである。その目的は、彼が知っているものであり、法則として彼の行動の仕方を規定するのであって、彼は自分の意志をこれに従わせなければならないのである(47)」

人間の労働は二つの点で蜘蛛の「労働」より勝っているとマルクスは述べている。第一に頭のなかで描いていた生産物を労働をとおしてつくりだしていくという点において、第二に「彼の行動の仕方」、即ち労働の方法を意識的に形成しているという点においてである。

前者は生産物に対する目的意識性、あるいは合目的的意志と呼びうるものであるし、後者は労働の方法に対する目的意識性、合目的的意志である。この二つの目的意識性、合目的的意志が潜んでいることに、マルクスは精神的側面からみた人間労働の特徴をみつけだしている。

とすると、なぜ人間だけにこのような特徴が与えられたのであろうか。それは人間だけが自分の労働過程を対象化してとらえることができるからである。即ち人間だけが自然の加工を交通としてとらえることができるからである。そこからこの交通を目的意識的に、合目的的に実現することが可能になった。

そしてこのことは人間が存在するかぎり、原始の時代から現代に至るまで基本的に変わらない。いわばそれは人間の属性であり、ここには歴史貫通的な、あるいは時間的普遍性をもった労働過程の、それ故に自然と人間の関係がある。とともにたとえ自然哲学の視点から書かれたものではなくとも、『資本論』のマルクスは労働理論の立場からこのことをみている。

「ここでは、労働の最初の動物的な本能的な諸形態は問題にしない……人間労働がまだ最初の本能的な形態から抜け出ていなかった状態は、太古的背景のなかに押しやられているのである。われわれは、ただ人間だけにそなわるものとしての形態にある労働を想定す

る」(48)

「労働過程はまず第一にどんな特定の社会的形態にもかかわりなく考察されなければならないのである」(49)

「労働過程は、使用価値をつくるための合目的的活動であり、人間の欲望を満足させるための自然的なものの取得であり、人間と自然とのあいだの物質代謝の一般的な条件であり、人間生活の永久的な自然条件であり、したがって、この生活のどの形態にもかかわりなく、むしろ人間生活のあらゆる社会形態に等しく共通なものである」(50)

これまでも述べてきたように、マルクスは自然哲学に関するまとまった著作を残していない。もちろん若い頃には「デモクリトスとエピクロスの自然哲学の相違について」という学位論文を書いているが、それは青年ヘーゲル学派時代のマルクスの認識論を明らかにしたものであっても自然哲学の著作とはいえない。何よりもその頃のマルクスは労働理論はもとより資本制商品経済自体が視野のなかに入っていない。

しかし私はこの自然哲学の草稿をすすめるうえでマルクスから多くの示唆を受けている。第一に自然哲学を自然と人間の関係を研究する学問と定める点において、第二にその自然－人間関係を労働過程論を軸にして考察するという点においてである。その上で、後に私はこのマルクスの労働理論を別の視点からもう一度検討しなければならなくなる。そのひとつは使用価値の概念であり、マルクスはそれを歴史貫通的に労働過程によってつくりだされているものとしているが、すでに私は貨幣経済の浸透が使用価値の社会を冒しはじめていく過程をみようとしてきた。[51] そしてもうひとつは労働過程における合目的的意志について、第二章以下で私はそれを技術、技能の問題を軸に考察していくことになるだろう。

そして自然哲学に関するかぎり、マルクスの著作から摂取できるのもここまでである。それは彼が自然哲学の研究をおこなっていないからだけではない。自然哲学にとっては自然と人間の交通の質がいかに変わってきたのかが問題になるが、そのような視点からみるときマルクスには、労働過程の質が歴史のなかで変容していくプロセスを労働存在論的に考察していく意志がみられないからである。

それは『資本論』という経済学の研究書のもたらす制約でもあろうが、[52] 労働過程の質の変容をとらえないかぎり、自然と人間の双方が変わっていく過程をとらえることはできないのである。

ところが『経済学・哲学草稿』の時代のマルクスはそのことを問題にしていた。自然－人間関係の変化と人間－人間関係の変化が「私的所有」の出現によって同時におこることを彼はみていた。しかし『経済学・哲学草稿』では労働理論の未確立故に、そのことが哲学的直観としてしか提起されず、後に『資本論』によって労働理論が確立されたときには逆にマルクスからそのような問題意識がなくなっていたのである。

その結果マルクスは、自然と人間の間に成立する歴史貫通的な交通の本質はみていても、その交通が歴史とともにどのように変わっていったのかをとらえる歴史変容論的な考察を無視してしまった。それが使用価値の変遷をとらえられなくしているし、労働過程での人間の目的意識性、合目的的意志の質の歴史的変化をみえないものにしている。

だから『資本論』では次のような記述も残される。

「それ(注意力としてあらわれる合目的的な意志——引用者)は、労働がそれ自身の内容とその実行の仕方とによって労働者を魅することが少なければ少ないほど、したがって労働者が労働を彼自身の肉体的および精神的諸力の自由な営みとして享楽することが少なければ少ないほど、ますます必要になるのである(53)」

確かに一面ではこの指摘は誤っていないかもしれない。資本制生産様式が成立し、労働の疎外が深まっていくにしたがって、労働者は逆に緊張感と注意力の持続を強制されるようになる。しかしそのとき必要とされる注意力としての合目的的意志は資本制生産様式が成立したが故に生まれたものであって、本来の労働の精神的力能ではない。少なくともそれは、古代の人々や中世の職人が労働過程ではらったであろう「注意力」と質を同じくしているとは思えない。

人間たちは労働過程のなかで、生産物と労働の方法に対する目的意識性、合目的的意志を歴史貫通的に持ちつづけてきた。しかしその目的意識性、合目的的意志は歴史とともに変容していくのであり、その最初の変化が貨幣経済の浸透とともに中世の社会のなかでおこってきていたことを、すでに私は述べてきた。

私は現代の自然と人間の関係の問題や、生産力の発達が自然の崩壊をもたらしてしまうという問題は、労働過程＝自然－人間関係における合目的的意志の変化によってもたらされたのではないかと思う。なぜなら後述するように、この合目的的意志は労働過程のなかの技能・技術に表現されてくるのであり、今日の自然と人間の問題は人間たちが自然との間にいかなる技術的交通を取り結んでいるのかという問題だからである。そしてこのことを視野に収めないかぎり、労働対象としての自然の意味もわからなくなる。というのは自然を労働対象としてとらえるのは、労働過程を所有した人間の普遍的な属性であるとしても、自然のどのような面を労働対象としてみるかは歴史のなかで変わっていくものだからである。たとえば自然の作用のなかに使用価値の源泉をみいだしていた時代と、自然のなかに貨幣的な価値をみつけだす時代とでは、自然は労働対象であると言ってもその内容は大きく異なっているのである。

そしてこのことが検討されないとき、自然を労働対象としてとらえるマルクスの視点は、られることになる。

現代の思想家からあげ足をとられることになる。即ち自然を労働対象としてみるかぎり、人間の手による自然の破壊を止めることはできないのだという批判が、マルクスに浴びせられることになる。

だがそれはマルクスの労働理論の弱点と現代の思想家たちの労働理論の欠落が生みだした誤解である。自然との間に労働過程にもとづく交通を形成することは人間の本質に属することである。問題はその交通が広義の労働過程としての質を消去し、使用価値にもとづく交通から交換価値にもとづく交通へと、さらに価値にもとづく交通へと変わっていったところにあるのである。この過程で労働過程における合目的的意志、労働の精神的力能も変化しつづけた。それが今日の無残な自然－人間関係をつくりだしている。

このように考えていくと現代の自然哲学には、マルクスによって提起された自然－人間関係のとらえ方を基礎とし、しかし同時にその先を展開することが要請されているように思えてくる。

マルクスは生涯自然哲学の研究を残すことはなかった。しかし彼の発想は最近までマルクス主義の自然哲学といわれてきたエンゲルスの自然弁証法とは無縁のところにあった。私は『ドイツ・イデオロギー』の文章をもう一度引用しておきたいと思う。

「われわれはただ一つの科学、歴史の科学を知るだけである。歴史は二つの面から考察され、自然の歴史と人間の歴史とにわけられることができる。けれどもこれら両面はきりはなされてはならない。人間が存在するかぎり、自然の歴史と人間の歴史とはたがいに制約しあう。自然の歴史、いわゆる自然科学はここではわれわれの問題とはならない[54]」

第二章　自然―人間関係の変容と近代社会の形成

一　「自然と人間の交通」について

「かきつばた　花のひらかば　まめをまく　時節来ると　心得よかし」

近世初期の農書『会津歌農書』のなかの歌である。

一九七〇年代の中頃から、私はたわいのない理由で山の中の小さな畑を耕作するようになった。といっても東京での生活は変わらなかったから、時々暇をみつけては耕作に行く出張耕作民、それも趣味的な耕作民にすぎなかった。村の人々に鍬の使い方から教わりながら、山間部の傾斜地のあまり条件のよくない畑で耕作はつづけられた。

その畑に私はいろいろなものを作付けしていた。麦などの穀類から豆類、根菜類、菜類、薬草、……、今までに百種類以上の作物を試作している。出荷を考えない趣味的な農耕なのだからそれでよいのだが、困ったことは私の持ちこんだ種子のなかに村人も作付けの経験のないものが含まれていたことだった。山間部の気候条件は特殊である。五月に入って遅霜の降りることもあるし、冷夏にみまわれることも、早々冬が訪れ畑の土が凍土と化してしまうこともある。ちょっとした播種の時期の狂いが、作物をだいなしにしてしまうのである。

そういうとき一番役に立ったのがこの『会津歌農書』をはじめとする近世農書であった。耕作地の近くの山には、六月にあやめの花が咲く。私はそのときを待って豆類を植付けた。ほとんど誤りはなかった。そして、そういう経験をしていくうちに、農の営みとは人間が勝手におこなうものではなく、自然の作用のなかでおこなわれているのだと感じるようになった。

近世の農書が農の基本として一番重視しているのは土づくりである。それは農業が、自然の作用をもっとも有効に活用したとき収穫面でも成功する性格をもっているからではないかと思う。労働を投下することによって、自然の作用を高めていくのである。自然の作用のなかに使用価値の源泉をみいだし、そこに労働を加えて新しい使用価値＝生産物をつくりだしていく。使用価値の源泉と新しい使用価値＝生産物の間は、人間の労働によってつながれている。それは人間が獲得した最初の自然と人間の交通の形態である。

とともにここでの労働は、自然の作用を生かす方向で働かなければならない。そして、そのためには、自然の作用の質を知っていなければならないのである。その自然の作用は複雑である。しかも人間が手を加えることによって、自然の作用の質も変わってくる。自然自体が本来もっている作用と、人間が関係することによって変わっていく自然の作用をみつめながら、人間はもっとも適した質の労働を投下していかなければならない。

そのような労働のあり方を記したもの、それが近世の農書ではなかったかと私は思う。しかも科学的にではなく、自然の作用をおおらかに、あるがままに認めることによって生まれた経験的な農民の知恵が「農書」のなかには収められている。

「かきつばた　花のひらかば　まめをまく　時節来ると　心得よかし」

私がこの歌を好んだのは、豆播きの時期が適切にわかったということだけではなかった。山間部の小さな畑を耕しながら、私はいろいろなことを学んだ。村人にもいろいろなことを教えてもらった。土がつくられていく過程や作物が育っていくということの意味も少しずつわかるようになってきた。だがそれ以上に楽しかったのは、山間部の農業がこの歌の精神のなかにあることを気付いたことだった。

自然の作用と人間の労働が和解しあっていくなかに作物は育っていく。その感覚が私にとっての自然と人間の精神的交通であり、そこから農作業の方法もつくられていた。おそらくそれを支えていたのは、私の農耕が趣味的なものであり、出荷する＝貨幣に変える必要のないものであったこと、即ち使用価値の生産だけを考えればよいものであるところにあったのであろうが。

自然と人間は労働過程を媒介にして交通している。第一に物質的に交通し、第二に精神的に交通している。労働過程は自然と人間の物質的な交通と精神的な交通のなかに成立しているのである。

物質的な交通は物質としての自然を加工し新たな物をつくりだしていく過程である。マルクスに従えば物質代謝の過程であり、山から木を切り出して最終消費財に変えていく過程もそのひとつであろうし、鉱物や原油は何度も加工されながら、繰り返し物質としての姿を変えていく。物質的な交通、それは自然の物質としての形態が転換されていく過程である。

そしてその内部ではつねに自然と人間の精神的交通が成立している。それは二つのかたちとして表現される。自然の作用のなかに使用価値の源泉をみいだし、それを本来の使用価値=労働生産物に変えていくときに生じているものと、そのための労働の方法を精神のなかでつくりだすプロセスとである。

前記したようにマルクスはこの二つのものを、人間の労働過程のなかでの二つの目的意識性、合目的的意志として抽出した。生産物に対する目的意識性と労働の方法に対する目的意識性である。そしてこの二つの目的意識性のなかに、自然と人間との精神的な交通の状態はつねにあらわれてくるのではなかろうか。なぜなら、自然の作用を労働のなかでとらえ、それを生かしていく精神、それが人間にとっては労働過程における二つの合目的的意志だからである。

自然と人間の間でおこなわれている精神的な交通は、第一に労働過程(＝広義の労働過程)のなかの合目的意志のなかにその姿をあらわす。しかしそれは意志の領域にとどまっているわけではない。第二にその意志は労働のなかの精神的力能としてあらわれ、最終的には労働過程の技能、技術として登場してくるのである。それは、たとえば『会津歌農書』のなかの自然と人間との精神的な交通の世界が、最終的には『会津歌農書』に記されたような農作業の方法、農の技能として表現されるようにである。

一般的には技能とは、経験的につかみとられた労働のなかの〝物をつくる知恵〟として、あるいはそのような労働の精神的力能としてとらえられている。この定義は技能の半分の意味を満たしてはいるが、充分な規定ではないように私は思う。なぜなら本来の技能は、使用価値の社会に生まれたおおらかな労働の世界のなかで創られたという面をもっているからである。作用としての自然のなかに労働を加えて使用価値＝労働生産物をつくりだす、この過程が商品や貨幣の論理の介入を受けずに、いわば純粋な使用価値の生産の場になるとき、この条件のなかでつくられた労働の精神的力能を、あるいは経験的につくられた労働の知恵を、私たちは技能と規定しうるのではないだろうか。だからこの技能は、いま私たちが技能工というように使うときの技能とは少し意味が違う。それは労働する個人の精神的力能であるとともに、使用価値の社会がつくりだした社会的産物である。

とすると貨幣経済が浸透し、生産－労働過程が貨幣に裏付けられた商品価値を生産する場所になっていくとき、自然と人間の精神的交通も、技能の内容も変わっていくのではないだろうか。

前章で私は、貨幣の登場が商品を生みだしたと述べた。貨幣が共同体の内部に浸透していく過程は次の三つの段階に分けられる。第一の段階は、流通の補助的な役割を貨幣が担う時代、第二の段階は流通全体が貨幣に支えられる時代、第三の段階は生産と労働の過程、即ち生産－労働過程のなかに貨幣の論理が介入してくる時代である。

第一段階の貨幣は当時の共同体の人々にとっては、便利な〝手形〟以上のものではなかったのではなかろうか。いまでも子供たちはお金をもらったとき、お金が便利な交換財であることはわかっても、そのお金が労働力を売ることによって得られたものであることや、人間の存在自体がお金に浸蝕されていることを理解することはない。それと同じように、当時の人々はお金を第二義的な交換財として用いていたのではなかろうか。

それが第二段階に入ると、貨幣の比重はずっと重くなってくる。現実の交換は大半が貨幣を媒介にしておこなわれるようになってくる。しかしその時でもなお私には、人々は本来の貨幣崇拝からまだ逃れていたように思われる。なぜならまだ物をつくりだす過程が、貨幣とは無関係な世界であったからである。物をつくる過程は使用価値＝労働生産物の生産過程として成り立ち、その労働生産物の使用価値が擬制的に貨幣によって量的に表現され交換される。即ちつくりだされた労働生産物は擬制的に商品として流通しても、その生産－労働過程自体は商品の生産過程にはなっていない。そうであるかぎり、本当の貨幣崇拝は生まれてこない。

しかし一度登場した貨幣は、決してそのような地位にいつまでも甘んじていることはなかっただろう。労働生産物が商品として流通するようになれば、次に貨幣は物の生産過程そのもののなかに介入してくる。そこに第三段階の貨幣の時代がはじまる。

第三段階の貨幣の時代、それは労働過程の諸契機が貨幣の介入を受けることによってはじまったのではなかろうか。前章で述べたように労働過程の諸契機とは、労働対象、労働手段、労働力の三つである。その三つの契機が貨幣価値を媒介にしてとらえられるようになる。

かつて使用価値の源泉としてとらえられていた労働対象＝自然は、貨幣価値の源泉としての意味をもちはじめる。そして労働手段としての道具、労働力がひとつの貨幣量として、即ちコスト的にとらえられた貨幣として認識されるようになっていく。こうして労働過程の諸契機が貨幣の論理の浸蝕を受け、商品の生産過程としての条件を整備していくのである。商品の生産過程とは商品と商品、より純粋には貨幣と貨幣をかけ合わせることによって、新しい商品をつくりだしていく過程に他ならない。だからここでは労働対象も労働手段も労働力も、貨幣によって把握しうることを条件にしている。

ところで一応述べておけば、労働過程の質は次の三つの要因によって変化する。第一の要因は生産技術形態の変化、第二の要因は労働力の組織のされ方＝労働力編成の変化である。この二つは多くの場合同時に変化するが、この二つの要因は資本制生産様式の下での労働過程の質が変化する一般的法則でもある。(55) しかし労働過程の質を変えるものはこの二つの要因に依るばかりではない。第三の要因として私は、労働過程の諸契機に対する人間たちの精神的位置づけの変化をみておかなければならないと思う。

物をつくる過程が貨幣経済の介入を受けたとき生じた労働過程の質の変化は、この第三の要因によるものである。労働対象や労働手段、労働力に対する人間たちの精神的位置づけが変わる。それらを貨幣を媒介にしてとらえるようになる、そのことによって生産過程をつきつめれば貨幣の生産過程に変え、自然と人間の交通をも貨幣の生産過程に転じさせてしまうのである。

私には中世の長い期間をとおして、自然と人間の交通の世界にこのような変化が生まれていたのではないかという気がする。その端緒をなしたものこそ共同体内部への貨幣の登場であり、そのことによって使用価値が擬制的に貨幣量によってとらえられるようになったことである。そしてそのことによって生産と流通のすべての部面、すべての要素が貨幣によってとらえられ、生産と流通がある意味では貨幣の自己展開の場になったこと、それが人間たちに本来の貨幣崇拝を生みだした。それは自然と人間の関係を作用を媒介にした質の関係から、貨幣を媒介にした量の関係に変えたのである。だがそのとき、自然と人間の精神的交通は、その表現形態としての技能の質はどのように変わっていくのだろうか。

労働過程の諸契機が貨幣を媒介にしてとらえられ、自然と人間の交通の世界が貨幣経済の介入を受けるようになったとき、即ち労働過程が商品の生産過程になったとき、私はその労働過程を司る労働の精神的力能もまた貨幣概念の介入を受けていたように思う。なぜならかつて〝使用価値をつくりだす腕〟としてあった技能のなかに、〝商品をつくりだす腕〟が浸入してくるからである。

このときから技能のなかには二面性が生じてくるのではなかろうか。第一の面として技能はあくまで使用価値とともにあり、〝使用価値をつくりだす腕〟でありつづける。しかしそれだけでは貨幣経済の浸蝕を受けた時代の技能は成立しない。第二の面として技能には貨幣価値をつくりだす技能が、即ち〝商品をつくりだす腕〟が要請されている。

とすると自然と人間の間には、二つの交通が形成されていることを意味しはしないか。この段階から人間たちは、二重の眼で自然を認識するようになっているのではなかろうか。

ひとつに人間たちは自然のなかに使用価値の源泉をみいだしながら、第二に商品価値の源泉を自然のなかにみるようになってくる。それは労働対象たる自然ばかりでなく、労働手段、労働力をも使用価値と商品価値の二重の規定下に置くことになる。

ところが使用価値は質的なものであるが、貨幣価値＝商品価値は量的なものである。その結果、貨幣経済の浸蝕を受ければ受けるほど、労働対象としての自然は量的なものとしてとらえられるようになってくる。認識された自然＝主体との関係を取り結んだ自然が質的な概念から量的な概念に転じはじめるのである。その量的概念によってとらえられた自然とは、最終的には貨幣量としての自然である。

ここからルソーを嘆かせた、あの近代的土地所有の問題も生まれてくる。(56) 近代的土地所有とは使用価値を生みだす土地を占有することではない。自然が貨幣量化されることによって、その貨幣量としての自然を所有すること、そこに近代的土地所有は生じている。だからその土地からつくりだされる貨幣量が計測できるようになると、地代の形態も絶対地代から差額地代へと転換してくる。

さて自然と人間の精神的な交通が、使用価値にもとづく質的な交通と、商品価値にもとづく量的な交通との二面性を帯びはじめたとき、そこからどのような現象が生みだされてくるのであろうか。私はそこに商品経済時代の技能の二面性をみるのである。

たとえばいまでも多くの農家は、出荷用の栽培と自家消費用の作物づくりを並行しておこなっているが、その二つの畑に投下される技能は明確に異なっている場合が多い。出荷用の畑でめざされているものは当然のように商品としての作物づくりであり、ここでは投下された諸費用と商品の価格の差が問題にされる。たとえばある作物をつくるのに合計百時間の労働時間が必要だったとすると、商品としての作物の価格から投下した諸費用を引いた差額を百労働時間で割ったときでてくる一労働時間当りの収入が、他の労働によって得られるであろう一労働時間当り収入を上回っていなければいけないのである。もしそれができないのなら、農民は離農を検討しはじめる。そしてここで使われる技能とは、第一にいかに商品価値の高い作物をつくるか、第二にいかに投下される諸費用を低減するか、第三にいかに必要な労働時間を短縮するかである。いわば農民たちは貨幣量の世界を基礎にして、一定の利益を得るために、農作物や労働の質を問題にしているのである。だからここで働く技能とは、技能の質が量的な世界、貨幣の世界に従属しているのである。

ところが自家消費用の畑では、全く違ったことがおこなわれている。ここで農民が問題にしているものは、大抵の場合〝味〟である。いわば作物の使用価値そのものなのである。その結果出荷用の畑ではトラクターが動き、化学肥料や農薬、除草剤の大量投下がみられても、自家消費用の畑では昔ながらの有機肥料による耕作がおこなわれていたりするのである。

たとえおこなわれている労働が同じ農業労働でも、商品をつくる労働と使用価値＝労働生産物をつくる労働とでは、労働の質も、そこでの自然のとらえ方も、働いている技能の質も異なってくる。商品をつくる合理性のなかで発揮される技能と、商品の概念を放たれて純粋に使用価値をつくりだすための技能、この二つの技能の奥に、私は自然と人間の二つの精神的な交通の状態をみるのである。

技能には、使用価値をつくりだすための技能と商品価値をつくりだすための技能があるのではないだろうか。そのどちらもが経験的に蓄積された労働の精神的力能であり、労働者の知恵であり、しかも〝腕〟として表現されるものである。ただし前者が〝使用価値をつくりだす腕〟であるとすれば後者は〝商品価値をつくりだす腕〟、つきつめれば〝合理的に貨幣をつくりだす腕〟である。

この二つの技能の境界は、とりわけその技能の所有者の主観のなかでは不明瞭なものである。なぜならたとえ使用価値をつくろうと思っても、その使用価値が商品の形態をとおして実現される社会の下では、労働者は果して質的なものである使用価値をつくっているのか、貨幣を媒介にした量的なものである商品価値をつくりだしているのかの区別がつかなくなる。おそらく商品経済が浸透してからは、労働をおこなう者たちは、農民であったとしても職人であったとしても、この技能の二重性に時に悩み、時に何とか意識のなかでその矛盾の帳尻を合わせてきたのではなかろうか。より使用価値の高いものをつくりたいと思っても、現実は貨幣経済の社会だ。そうであるかぎり、使用価値の世界のなかにも貨幣経済の論理が介入してきてしまう。

技能とは労働者が経験をとおして蓄積した個的な精神的力能であるようにみえる。確かにすぐれた職人の〝腕〟はその人にしかないように、技能は個的なものとして現象化する。しかしこのことのなかに認識の誤りもまた生じるのである。というのは現象としての技能は個的なものであっても、技能をつくりだしている本質は「交通」であることを私たちは忘れてしまうからである。

これまで述べてきたように技能は第一に自然と人間の精神的な交通の状態が〝腕〟として表現されたものである。そしてこの自然と人間の交通は、人間と人間の交通から自由ではない。それは人間と人間の交通が貨幣経済の浸蝕を受けたとき、自然と人間の交通の質も変容するようにである。とすると技能とは第一に自然と人間の交通の産物であり、第二に人間と人間の交通の産物である。その結果使用価値をつくりだす技能が成立するためには、第一に自然と人間の交通が使用価値を媒介として成立し、第二に人間と人間の交通が使用価値の社会のなかにあることを条件とするのである。

いわば使用価値をつくりだす技能は、使用価値をつくりだす者とその使用価値を受け取る者の間に、純粋な使用価値にもとづく交通が成立していることによって、はじめて存在しうるものなのである。逆に労働者と消費者が商品価値をとおして交通するようになれば、技能の質はそのことによって変容せざるを得ない。技能はその意味では個的なものではなく社会的なものである。それは自然と人間の精神的な交通もまた社会的な影響下にあることを物語っている。

かつて近代的な科学主義や合理主義が全面的な支持を受けていた時代には、技能が技術化されていくことは歴史の進歩と考えられていた。それが近年になって技術のもつ様々な矛盾が明らかになるにしたがって、技能を再評価しようとする動きが拡まってきた。しかし注意しておかなければならないことは、技能は技術のなかにある負の要素をすべて克服したものではないということであろう。

ここでの私の問題意識は、なぜ技能は技術化されることを可能にしたのかということである。使用価値の社会のなかでしか成立しないような技能は、計量化することも科学化することもできないはずである。とすればこのような技能を技術へと置き換えていくことは不可能なはずなのである。ところが現実には技能の技術化は様々な分野でおこった。その理由は技能自体が歴史のなかで内容を変えていて、技術化できる技能へと変わっていたところにあるのではないだろうか。

このような問題意識をもつとき私が注目するのは、自然と人間の精神的な交通、すなわち技能のなかに商品経済の論理が浸入したとき、技能は二重の変化を遂げていたのではないかということである。第一にこのときから技能は貨幣経済の論理の影響下に置かれるようになった。いまでも私たちは職人仕事をしている人々と話をしていると、固有の技能をもつ人々のなかにある魅力を感じながらも、半面で彼らが仕事とお金の関係では、かなりドライな金銭感覚をもっていることに気付くことがある。今日では多くの場合、より良いものをつくる技能と金のための技能が重なっているのである。

それが商品経済下の技能の第一の変化であるとすれば、第二に技能の質が計量化できるものになってきたことをみておかなければいけないのではなかろうか。前記したように貨幣経済の浸透は労働過程の諸契機＝労働対象、労働手段、労働力を貨幣量においてとらえる意識を成立させる。それは労働対象＋労働手段＋労働力＝新しい商品価値という関係が生まれることであり、つきつめれば貨幣量＋貨幣量＝新しい貨幣量の関係がつくられることである。もし新しくつくられる商品＝貨幣の量を最大限に拡大しようとするなら、当然いかに効率よく労働対象＋労働手段＋労働力の過程を運営するかが問題になってくる。即ちここには効率的に、合理的に労働過程を運営するための技能がつくられてくるのである。

それは技能のなかに量と時間の概念が入ってくることを意味しないだろうか。なぜなら効率的、合理的という概念は、限られた時間で量をつくりだすことだからである。仮に時間もまた時間量という量的な概念であるとすれば、このときから技能のなかには二重の量概念が介入してくる。第一に生産量という量の概念、第二に時間という量の概念がである。

実際今日の職人たちの仕事をみていると、二つのタイプのあることがわかる。ひとつはこの商品経済の社会の下でもなお使用価値をつくることをめざしているタイプであり、彼らの場合はつくられた労働生産物が商品であるということをある程度無視してかかる精神的態度をもっている。第二のタイプは一定の商品価値をもったものを、限られた時間のなかで効率よくつくる技能の所有者たちである。いわば誰よりも速く多くの仕事をこなすことに職人芸をみせる人たちである。前者は後者の人々を〝疎外された職人[57]〟と呼ぶ。

貨幣経済の浸透はこのようにして技能の世界のなかに、技能の二重性をもたらしていったのではなかろうか。自然のなかに使用価値の源泉をみいだし、労働を加えて新しい使用価値をつくりだしていく技能と、生産－労働過程を貨幣の特殊な流通過程に変えることによってつくられた量的概念の規定下にある技能との二重性である。

中世の長い期間をとおして技能の世界にはこのような変化が生じていたのではないだろうか。そして後者のタイプの技能が成立していたが故に、人々は生産－労働過程を商品をつくりだしていく合理的なプロセスとして認識することも、技能を商品価値をつくる合理的な機能としてとらえることもできたのではないだろうか。そのことが技能の技術化を可能にしたのである。なぜなら技能が量的概念の規定下にある合理的な機能であるならば、その機能を科学によってとらえ直し、技術に置き換えていくことができるはずだからである。

近代革命がはじまったとき、人間たちは合理的な認識を身近なものにしはじめた。だがもしそれまでの社会が非合理な社会であったなら、近代の人間たちが、これほど簡単に合理的な発想を身につけたはずはない。ヨーロッパのようなキリスト教の浸透した社会ならまだしも、日本のような非キリスト教社会でも明治以降の近代化がなぜかくもスムーズに進行できたのかは、歴史学の問いのひとつであるが、それは哲学の問いでもある。その理由は明治以前の社会のなかで、すでに合理的なものの考え方を受容する人間たちの精神的態度が成熟していたからではなかろうか。

その精神的態度は労働の世界、労働過程が合理的な過程であることを経験することによって、即ち自然と人間の交通とその内部にある人間と人間の交通が合理的なものであることを身をもって知ることによって、人間たちが中世の長い期間のなかで身につけてきたものではないだろうか。

そしてこのことによって自然と人間の交通の質は大きな変革を遂げたのである。だがこの変革のなかに、今日生起している自然－人間関係の矛盾の第一の要因はひそんでいたのではなかろうか。

二 「自然と人間の精神的交通」について

自然と人間の精神的な交通の状態は、技能、あるいは技術の形態に表現されてくるのではないか、前節で私はこのように述べた。もちろんこのとらえ方は、広義の労働、広義の労働過程を前提にしている。もし商品経済の規定下におかれた狭義の労働、狭義の労働過程のみを前提とするならば、労働の世界の外にも、自然と人間の精神的な交通はいくらでも成立していることになるであろう。むしろ今日の私たちは、狭義の労働を介して自然と交通するよりは、趣味や遊びをとおして自然と交通することの方が、はるかに直接的でさえある。

しかし私は、労働を狭義の労働によってのみとらえることには賛成できない。なぜならこの視点からは、今日の狭義の労働、今日の自然と人間の交通のなかにある異常さを抽出しえないからである。むしろ人間のもっていたおおらかな労働の世界の一部が、商品経済の制約を受けて狭義の労働化していく過程を、そして自然と人間の交通の一部分が特殊な交通に転じていく過程をみた方が、はるかに今日の問題点を探り出し得るのである。私の視点は、人間の存在そのものをひとつの労働過程＝ひとつの広義の労働過程としてとらえることを前提にしている(58)。

そして、そのような視点からとらえるとき、私たちははじめて、今日の労働の世界のなかにも使用価値をつくりだす労働が残っていることを知るのである。たとえばそれは前節で述べたように、自家消費用の作物をつくるときの農民の技能とともにあるものであり、時に商品経済の制約下におかれた狭義の労働の内部からも湧き上ってくるものである。

しかし、このような問題は後に検討することにして、ここでは私は狭義の労働過程の世界を問題にしつづけようと思う。なぜならここに資本制社会における自然と人間の交通の状態がもっともよくあらわれてくるからである。

ところで前節で私は、貨幣経済の浸透とともに技能の質が変化してくる過程を問題にした。だがこのような技能のとらえ方は、これまでの技能、技術論と一致するわけではない。おそらく一般的な諒解にしたがえば、技能とは経験的に蓄積された職人的な腕であり、技術は科学的な裏付けをもった客観的な科学技術である、ということになるのであろう。かつて星野芳郎は技能を次のように規定した。「技能とは、『生産的実践における主観的法則性の意識的適用』である」[59]

この規定は言うまでもなく、武谷三男の次の技能、技術の規定を基礎にしている。

「技術の立場と云ふものは常に、主観的個人的な技能を、客観的な技術に解消して行く事にあります」[60]

「技術とは人間実践(生産的実践)に於ける客観的法則性の意識的適用である」[61]

技術＝労働手段体系説が中心になっていた時代に、技術を生産の場所での実践概念としてとらえた武谷技術論の意義は大きかったが、それに対応させた星野の技能の規定は「主観的法則性」という不明確な概念を含んでいる。だがここで武谷、星野をとりあげたのは、そのことを問題にするためではない。技能が主観的なものを含みながら形成されるのに対して、技術は客観的、科学的なものであることを明らかにすることによって、技術の技能に対する優位をみているのが、日本における中心的な技術論の立場であることをみておくためである。そしてその底には、技能を技能保有者の個的な力能として、技術を技術者固有の実践としてみる立場が横たわっていることをみるためである。

ところが近年にいたって、人間たちは技術や科学を懐疑する精神を身につけはじめた。実際、労働の視点からみても、環境や生態系の視点からみても、さらに生活の質の視点からみても、技術の発達によって受ける利益よりも、そこからもたらされる矛盾の方が今日では大きな問題になってきている。そこから経験的に蓄積された知恵とでもいうべき技能を再評価しようとする動きも生まれてくる。

たとえば経済社会学者の渡植彦太郎は、技能と技術の問題を技能知＝経験知と技術知という視点から論じている(63)。技能の本質を、経験によって蓄積された使用価値をつくりだす知としてとらえ、故に技能が〃腕〃と不可分であることをみながら、経済価値をつくりだす技術知に対する技能知の優位をみていこうとするのが渡植の立場である。

この渡植の技能のとらえ方は、前記した星野の規定よりはるかにすぐれている。第一に渡植は使用価値をつくりだしていく経験的な知＝技能と、経済価値をつくりだす科学的な知＝技術を対照することにより、技能と技術が異なるものであり、技術は技能の崩壊の上に成立することをみている。ここからは、技能の技術化が歴史の進歩であるという立場は生まれてこない。いわば星野の技能論が、技術の視点から、それより低位にある技能を規定したものであるとすれば、渡植の技能論は、技術と技能の本質的な相違と技能の優位をみているのである。

しかしなぜ渡植にとっては、技能は技術より優位なものなのであろうか。それは技能が使用価値をつくりだすものであり、技術は使用価値の疎外の上に成り立つと考えられているからである。

私はこの渡植の理論展開のなかから、多くのものを教えられた。もちろん私の技能、技術のとらえ方は、自然と人間の精神的な交通の状態が表現されているものとして技能、技術をみる視点である。しかしこの自然と人間の精神的な交通が、元々は使用価値をめぐる交通のなかにあったとする点では、私は渡植から多くのものを学んでいる。そして、その上に前節で私は、貨幣経済の浸透にしたがって、技能のなかに使用価値をつくる技能と貨幣価値をつくる技能との二重性が生じてくることを、そしてそれ故に後者の技能は技術によって置き換えられる可能性をもったことを明らかにしてきたのである。

実際近代以降の歴史のなかでは、技能は不断に技術化されつづけてきた。そしてつい最近までの私たちは、この歴史を、一方で職人たちの悲哀として認識しながらも、全体としては歴史の進歩として受容する態度をとってきたのである。

よく知られているように一学問分野としての技術論は日本独特のものとして形成された。それは一九三二年に創刊された『唯物論研究』(唯物論研究会)誌上における戸坂潤、岡邦雄、相川春喜等の論争のなかから生まれてきたものである。このいわゆる唯研派の技術論は相川に代表される「技術=労働手段の体系」説をもって、一応の結論をみていく。それは技術は労働手段の体系にその現象形態をつくりだすというものであるが、この段階ではまだ、ではそのような現象形態をもたらす技術がどのような本質をもっているのかは明らかにされていない。というのは第一に技術は労働と不可分であり、とすればその技術と労働をどこで分離し、対照させるのかが明確にならなかったこと、第二に現実の技術は資本制生産様式と結びついているという問題と、資本制生産様式から自由な、純粋に歴史の発達としての技術が存在するのではないかという問題との間で、一方で現実の技術を批判しながら他方で技術に期待を寄せるという方法上の矛盾が、この技術論論争には含まれていたからである。この『唯物論研究』を主要な舞台にした第一期の技術論論争は、今日の位置からみれば、労働の問題を経済学の次元でとらえてきた、それ故に労働理論の発達をもたらさなかった日本のマルクス主義研究の風土のなかで、その空隙を技術論の視点から埋めようとしたものであったと言うことができるであろう。

いわばこの第一期の技術論論争は、労働理論の未成立からくる空隙を埋めるという点では多くの貴重な問題提起を含みながらも、現実の技術を支える諸契機や技術によってつくられた諸現象の分析を中心としてしまった結果、技術そのものを概念規定することはできなかったのである。そしてこのことは、戦後に発表された武谷三男の技術論によって、第二期の論争を生んでいくことになる。前記したように武谷は『弁証法の諸問題』のなかで、技術を次のように規定していた。

「技術とは人間実践(生産的実践)に於ける客観的法則性の意識的適用である(64)」

武谷技術論のすぐれていた点は、〝意識的適用〟という人間の主体的な実践的行為こそが技術の本質だとしているところにある。技術ははじめて労働過程における人間の主体的行為の次元でとらえられるようになった。

動物や植物は自然の法則性を利用して暮しながら、その存在がまた自然の法則性をつくりだしている。また宇宙を含めた全自然の体系は、一定の法則性のもとに運行し成立している。その自然の法則性を客観的な法則としてつかみとり、それを労働過程のなかに意識的に適用しながら、生産の場所を形成していく。いわば酸素と化合すれば酸化し、酸素と引き離されれば還元する金属の性質を利用して、酸化鉄から鉄をとり出していくようにである。この行為のなかに技術の本質があることを明らかにしたのが武谷技術論である。ここにおいて技術とは自然－人間関係における人間の主体的実践であることが明らかにされた。

このような技術論の歴史をみていくとき、まず気がつくことは、資本制生産様式と結びついた技術の歪みは指摘されても、技術の進歩を歴史の進歩としてみる視点に疑問がはさまれていないことである。そこには、職人的な技能＝後進的、非科学的なもの、技術＝先進的、科学的なものという暗黙の了解があった。だから星野のように、技能を技術より一段遅れたものとみなし、技術の概念から、それより遅れたものとして技能を規定する技能、技術論も生まれてくる。

ただし一応断っておけば、私はこのことを批判しているのではない。当時の思想状況下では、それはやむをえなかったのである。戦前の唯研派の時代にはソ連の技術の進歩に対するゆるぎない信頼があり、武谷技術論の背景には戦後の社会建設を背負っていこうとする技術者たちの自負があった。

この技術の進歩を歴史の発達として受容する態度は今日でも否定されたわけではない。ただ一九六〇年代に入った頃から、技術の問題に対する別の角度からの分析が生まれてくる。そのひとつは、労働疎外論の視点からのものであった。マルクスの『経済学・哲学草稿』やフランクフルト学派の思想に影響されながら、資本制生産様式の発達とその内部での技術の発達が労働の疎外を増大させるという問題に、一九六〇年代の日本の思想はつき当っていた。

その背景には、一九五〇年代後半からはじまった戦後技術革新が新しい労働の矛盾を生みだしつつあったこと、また一九六〇年を前後する石炭から石油へのいわゆるエネルギー革命のなかで、労働者の大量解雇が発生していたという問題があった。そろそろ技術の進歩という言葉を人々は無条件で信頼するわけにはいかなくなっていた。

このような状況のなかから、それまでの労働疎外論とは少し角度を変えたところで、技術の進歩は人間の労働を豊かにするのかという疑問がなげかけられてくる。この中岡哲郎に代表される思想[65]は、その後、現実の技術の進歩は人間の労働の質を貧しいものにしてきた、という認識となって定着していく。

ここにおいて技術の進歩を歴史の発達として信頼する立場は、労働論の視角から崩されはじめたのである。とともに技術の進歩に対する懐疑は、一九六〇年代に別の角度からもまき起ってくる。第一に公害が社会問題化し、新しい技術が人間の健康を害するケースのあることが明らかになってきた。第二に原子力発電をはじめとする巨大技術の安全性に疑問がもたれはじめた。第三に戦後の経済発展とともにもたらされた自然の破壊と生態系の破壊が問題にされるようになった。第四に経済の拡大とともにつくられた多消費社会が人間を豊かにするかが疑問に思われはじめた。ここからはヒューマン・スケールの技術の再評価や、自然の生態系を維持しながら自然と共生できる人間の生き方をつくりだしていこうとする発想が生まれてくる。技術の発達に対する信頼は、ここにおいて完全に打ち砕かれていた。

いわば第一期の唯研派の技術論が、資本制生産様式の内部の矛盾を労働論としてとらえようとする技術論であるとすれば、第二期の武谷技術論は技術者の技術論であり、今日のそれは、中岡に代表される労働文化論的視点からの技術論と、自然・生態系文化論的な技術論を生みだしているのである。

ところで自然との共生や生態系の視点から技術をとらえなおそうとする発想は、自然－人間関係を軸にして人間の存在をとらえようとする点では一定の成果を果したように思える。しかし自然－人間関係の本質を労働、労働過程の問題として描こうとする意志が欠落していたために、この理論は自然と人間の歴史的変容に対する文化的な対抗論理を提起しただけに終ってしまっているのではなかろうか。

もちろん現在の経済、社会システムの下では、自然の生態系も、本来なら自然の一員であったはずの人間の存在も苦境に立たされつづけるという認識は、それ自体としては私にもよく理解できる。しかしなぜ人間は自然の一員であるのか、自然－人間関係が壊れた原因はどこにあるのかをつかむには、自然と人間の関係を広義の、そして狭義の労働過程のなかでとらえなおし、その質の変容を問わなければならないはずなのである。そのことによってはじめて自然と人間の問題の考察は、この資本制商品経済に主導された現代社会総体を問いなおす思想へと高められる。そしてこのような方法上の問題意識が欠落するならば、自然－人間問題の考察は、資本制社会の修正理論として自然のより良い管理を要求するものか、産業資本主義へのアンチ・テーゼ、生活のみなおし運動、あるいは新たな自然科学拝跪を生みだすものになってしまうだろう。

たとえばフランクフルト学派に属するアルフレート・シュミットは『マルクスの自然概念』のなかで次のように述べる。

「マルクスは、かれの要求する労働過程の全面的な科学化、機械の高度な発展とその結果としての労働時間の短縮は、社会がその教育組織を根本的に改革して、この領域においてもその諸関係を、到達された精神的物質的生産力の水準と一致させる場合にのみ可能であることをはっきり知っていた(66)」

このように述べながらシュミットは、将来の展望として、労働過程の変革と労働時間の短縮、社会の変革を実現しながら、人間が完璧に自然を統制、管理する時代を想い描いていく。といっても経済的欲求からのみ自然を統制、管理するのではない。社会的生活の視点から自然を統制、管理しようとするのである。

このシュミットの提案は、今日では一般的な考え方になってきている。労働時間を短縮し余暇の増大をはかりながら、生活の視点から自然にかかわっていく、いわばこれまでの自然と人間の関係が経済の視点からの自然の利用に片寄りすぎていたことを反省し、自然を生活の視点から管理していこうとする発想がここにはある。

だがそんなことで、現在の自然－人間関係の矛盾は解決するのだろうか。私には自然と人間の間に成立する交通の問題にまで遡って、自然－人間関係の本質とその歴史的変容を検証する努力を抜いては、今日の哲学における自然の概念も人間の概念もみえてこないような気がする。マルクスが市民社会の解剖学として経済学を構想したように、現代社会の分析学としての自然哲学を構想し、自然－人間関係の解剖をとおして自然と人間の存在論を打ち立てないかぎり、今日の自然と人間の矛盾の本質はみえてこないところに、私たちはたたされているのではないだろうか。

私は現在の〝壊れゆく自然〟を人間の手で保護、管理していこうとする発想には、それだけではとても賛成することはできないのである。それはあまりにも現象に対する対症的な対応にすぎず、自然の崩壊が現代の自然－人間関係の矛盾の表現であり、その内部では自然の崩壊とともに人間の存在の矛盾が深化しているのだということが理解されていない。私たちは自然－人間関係の変革のなかに、自然と人間双方の解放をみつけださなければならないのである。

だから私は、産業資本主義がもたらした巨大科学技術に対して、ヒューマン・スケールの技術を対置する発想にも、それだけでは賛成することはできない。現在の自然－人間関係の矛盾は、技術の手直しによって解決できるようなものではないからである。

もちろん人間にとっての自然のあり方を考えることも、巨大技術のみなおしをすすめることも、自然と人間の共生を考えることも、そして私的な生活のあり方を検証することも、自然と人間の関係を考える契機にはなるだろう。しかしそれだけでは、それは自然哲学の課題ではない。自然哲学に要請されていることは、自然と人間の関係の現在をとらえきることであり、自然の現在と人間の現在を同時にとらえる方法を確立することである。

そしてそのような視点にたつとき、自然と人間の共生の理論を説く人々が、自然科学のいっそうの発達は、自然と人間が共生するための理論的根拠を与えるだろうと説くことに、私はますます困惑してしまう。

「『対象的自然』をあらためてとらえ直すことのできるようなもう一つの自然のとらえ方の端緒が、ニュートン力学とほとんど関係のない、不可逆的時間をもつ思想体系としてはっきりと芽生えてきたように思われます。……第一は、生産の動力的基礎をめぐって熱エントロピー法則が明らかにされていること、第二は熱エントロピーの処理をめぐって生命現象の原理が明らかにされていること……。

右の二点こそは、私の強調してやまない『生命系＝生きている系』というものにかかわる原理的問題点にほかなりません[67]」

もちろん今日物理学や生物学から提起されている新しい〝仮説〟[68]は、自然哲学に大きな勇気を与える。しかし自然哲学にとって問題になる自然とは、自然科学の対象にされる客観的な体系としての自然ではなく、人間の主体との関係によって成立している自然である。

この人間の主体との関係において成立している自然とは、たとえ新しい自然科学が自然を人間の活動との関係をとおして分析していくものであったとしても、自然科学の手で検証されるものではなく、社会科学や哲学の手によって解剖されなければならない自然なのである。

主として一九七〇年代以降提起された、自然と人間の関係を検討しなおそうとする様々な試みは、数多くの新しい視点を私たちに投げかける役割を果した。しかしその理論が自然と人間の交通の問題にまで遡って、その交通が変容していくなかに現代の自然－人間関係の矛盾をつかみとる視点を欠落させていくとき、それはどうしても今日の経済社会に対するアンチ・テーゼ的文化論を展開するところに終ってしまうのである。

しかしいま振り返ってみると、このような経緯を経て、ひとつの方向性だけは確実につくりだされてきた。それは技術の進歩に歴史の発達をみるという近代以降の頑固な歴史観が終ろうとしていることである。そして技能を技術より低位なものとみなす心理も少しずつ崩れ去ってきている。その意味では今日私たちは歴史上はじめて、技術発達史観から自由に、自然と人間の問題を構想する可能性を獲得したのである。

だがそれ故にまた私たちは、技術や技能を新しい視点からとらえ直す必要性に迫られているのである。戦前の唯研派の、そして戦後の武谷の技術論が、まだ技術発達史観の影響を強く受けていたとすれば、新しい技能、技術論はそれから自由でなければならない。そしてそのような立場に立つとき、人間労働の質の変容から技術をみなおそうとした中岡哲郎の思想や、ジョルジュ・ルフランに代表される労働社会学の視点からの同様の問題提起[69]、あるいはブレイヴァマンの労働問題サイドからの技術と労働の検討などのなかに[70]、さらに前記した渡植の問題意識のなかに、新しい視角から技能、技術をみなおしていく土壌は形成されていたのである。

そもそもの技能はその技術化を可能とするものではなかった。芸術家の〝腕〟を技術化するのが不可能なのと同じように、技能の質を技術的なプロセスに分解することは不可能であったのである。なぜなら労働過程を媒介にした自然と人間の精神的な交通の状態が、技能、技術には表現されているのであり、使用価値の生産を軸にして成立した技能と、客観的な物自体の価値＝効用の生産を目的として成立する技術の間には、本来なら大きな断絶があるからである。

ところが現実の歴史のなかでは、技能の技術化は不断におこなわれつづけた。なぜこのようなことが可能だったのか。それは技能自体が歴史のなかで変化し、本来の使用価値をつくる技能とは別の、いわば使用価値から疎外された技能が成立していたからなのではないか。だから、この新しい技能が歴史のなかで技術に置き換えられてきたのではなかろうか。前節で私が問題にしてきたのは、貨幣経済が共同体の内部に浸透し、生産－労働過程の内部を浸蝕することによって、技能の質が変容していくプロセスであった。

この過程で技能はいかに変化したのであろうか。前節で私は第一にそれまでの技能が使用価値という質をつくる技能であったのに、それが貨幣価値としての量をつくりだす技能に変わったことをみてきた。とともにこの過程は、貨幣経済の浸透によって、使用価値が貨幣量によって擬制的・量的に表現されるようになるという社会の変化に対応していた。

貨幣経済、商品経済の論理が生産－労働過程のなかに介入してくる社会では、使用価値はつねに擬制としてしか成立しない。なぜなら使用価値はそれを生みだす労働者が一方的につくりだすものではなく、使用価値を交換する人間と人間の交通に支えられてはじめて成立するものであり、にもかかわらず貨幣経済の社会では、〝もの〟を交換する人間と人間の交通が、商品の交換として、本質的には貨幣の交換としてしか成立していないからである。

使用価値を交換する人間と人間の交通は二つの場所で成立する。ひとつは流通部面、もうひとつは生産－労働過程の内部でである。つくりだされた使用価値は、第一に人間と人間の間で流通部面のなかで交換され、第二に生産－労働過程の内部でも、ある人のつくりだした使用価値が他の人に手渡され、それに再び新しい使用価値が付与されていくというように、使用価値の流通が成立している。故に使用価値とは、この二重の人間と人間の間で成立している交通が、使用価値の交換として成立していることに支えられて、はじめて使用価値であり得るのである。使用価値とはその生産者の主観的意図によってつくられるのではなく、使用価値の社会の上に生まれた社会的概念である。

ところが貨幣経済、商品経済の社会では、使用価値をめぐる二重の人間と人間の交通が、どちらも貨幣経済の論理を媒介にしてしか形成されない。流通部面はもとより商品の流通過程として成立しないし、生産－労働過程の内部でも、労働過程の諸契機が商品概念化することによって、特殊な商品の流通過程に変容してしまっている。このことによって、いわば使用価値を支える前提が崩れ去ってしまっているのである。とすれば貨幣経済の社会では、使用価値はつねに擬制としてしか成立しないのではなかろうか。

ところでこのような視角からみていくとき、私たちは技能、技術に対する一般的な諒解のなかにある誤解に気付く。それは技能が、技能所有者の個的な労働力能であり、技術もまた技術者の個的な労働力能を基本にして成立しているという諒解である。確かに、とりわけ技能は、労働者個人の職人的な〝腕〟としてつくられ、その労働者に固有なものである。しかしたとえ技能がそのようなものとして現象化してくるとしても、その内部は人間と人間の交通、あるいは社会的な交通によって制約されているのではなかろうか。とすると技能、技術もまた社会的概念である。

私は技能、技術を第一に労働過程を媒介にした自然と人間の精神的交通の状態が表現されたものとして、その意味において労働の精神的力能として規定した。そして第二に技能、技術を社会的概念として、即ち人間と人間の交通の状態に規定されたものとしてとらえるのである。このような関係が成立するのは、実は自然と人間の交通が、単に自然と人間の関係だけで成り立っているものではなく、人間と人間の交通の状態に制約された自然と人間の交通として形成されているからに他ならない。私はすでに人間と人間の交通が貨幣を媒介にして成立する社会では、自然と人間の交通も変容せざるを得ないことをみてきた。

しかしこのことは、逆からみるなら、今日のような資本制商品経済の社会でも、使用価値をつくる技能が、商品価値をつくるための技能や技術とともに存在しうることを示してもいるのである。なぜなら現代社会は資本制商品経済に主導された商品経済社会としてつくられてはいるが、この社会のなかでのすべての人間と人間の交通が貨幣経済を媒介にして成立しているわけではないからである。むしろ積極的にみれば、狭義の労働の外では、貨幣経済に規定されない人間と人間の交通に支えられた労働の世界がいくらでも残存しているのである。

たとえばそれは家庭としての人間と人間の交通に支えられた労働であり、友人、仲間としての人間と人間の交通に支えられた労働である。即ち非商品経済的な人間と人間の交通に支えられた広義の労働のなかでは、使用価値をつくりだす技能が生き残っている。いやそれだけではない。商品を生産する労働の場所＝資本制生産－労働過程のなかででも、第一にそこでの人間と人間の交通が協業労働として労働力商品と労働力商品の結びつきを超えた質を形成し、第二にそこでつくられた〝もの〟がその受け取り手＝消費者との間に非商品経済的な交通を成立させる余地があるかぎり、そこでも使用価値をつくる技能が成立する可能性は秘められているのである。(71)

前章で私は貨幣経済の浸透が人間たちの精神を変えていく経緯を述べた。そして旧社会のなかから育まれてきたこの新しい精神が社会の支配的な精神になっていく過程で、社会は変革されてきたと述べた。いわば旧社会のなかから生まれた新しい精神や新しい価値観を実現していく上で、旧い社会の生産形態や社会的諸関係が桎梏に転じるとき、歴史は大規模な変革を用意したのである。しかしこの大変革の後でも、旧社会の、即ち非貨幣経済的な人間の精神や価値観は、なおしばらくは新しい社会の補助的、潤滑剤的要素として残存する。

それと同じことが、技術、技能についても言える。自然と人間の交通が貨幣経済、商品経済の介入を受け、それによって規制されるようになる、そのとき技能も使用価値をつくる技能から経済価値をつくる技能に変わる。だがそれが支配的な自然と人間の精神的な交通の状態になった後でも、旧社会的な、即ち使用価値を媒介とした自然と人間の精神的な交通は、補助的なものとして残存し、そのことによって貨幣経済を媒介とした自然と人間の交通のみでは出現してしまう矛盾が部分的に解消されていくのである。

たとえば私たちは資本制商品経済とその下での技術に囲まれて働き暮しているが、その結果生じる息苦しさを、家庭内や趣味のなかで使用価値をつくる技能を発揮することによって解消することがある。そしてこのような面に支えられて、資本制商品経済社会もその下での技術の社会も存続しつづける。いわばこの関係は、お金の社会がつくられた後でも、お金を不浄なものとする精神と行動が残存することによって、その存在がお金の社会の矛盾を解消し、かえってお金の社会を支えてしまうのと同じことである。

おそらくこのことは商品経済社会がつづくかぎり、人間の存在の自己矛盾でありつづけるだろう。だが逆にみれば、資本制商品経済社会やその下での技術の社会も、非資本制商品経済や使用価値をつくる技能に、使用価値を媒介とした自然と人間の交通に一面では依存しつづけなければならないことを意味しており、そのことのなかに資本制社会が止揚される主体の根拠を私はみるのである。

技能、技術は人間と人間の交通に規定されながら、自然と人間との精神的な交通の状態が、労働過程における労働の精神的力能として表現されたものである。そしてここまでの過程で、私は技能の質が実はひとつのものではないことをみてきた。だが、とすれば、技術はどのような自然と人間の精神的な交通の状態を表現したものなのか。次に私はこのことについて検討していこうと思う。

三　自然－人間関係の変容と資本制生産様式

私がしばしば山村に滞在するようになって十五年が過ぎた。その経験のなかで私の知ったことは次のようなものであった。はじめに述べたように、私が訪れるようになった頃には、まだ山村のなかには昔ながらの労働感覚、自然感覚や村に対する感覚などが彩濃く残っていた。そしてそれをつき崩す序曲は共同体の内発的要因以外のところから、村人の貨幣需要が高まることを契機としてはじまった。それは日本全体の社会的交通のなかに、山村共同体がまき込まれていくことを主要な要因としていたのである。

たとえば個々の家庭の例をみれば、それは多くの場合教育資金の増加が契機になった。日本における高学歴社会の成立は山村の進学率を飛躍的に高め、しかし高校入学時から下宿を強要されるような山村では、各家庭の教育資金は膨大なものになる。

それはいっきょに村人の賃労働者化を促進し、賃金の量によって労働を評価する気運をつくりだした。少なくとも精神のなかではひかえ目な存在であった貨幣が、このときから主役に躍り出たのである。

当然この変化は村人の労働感覚や自然感覚をも変えていくことになる。即効的な経済価値を生まない労働や自然は、脇に押しやられ、切り捨てられるようになる。収益の上らない農地は休耕地化し、山林の手入れはおこなわれなくなって、枝打ちも間伐もおこなわれない森林がひろがりはじめた。自然のなかに使用価値の源泉をみいだしていたかつての村人の労働感覚は後退し、村人は工場や観光産業の誘致に目を輝かせるようになっていった。自然と人間の交通は大転換を遂げ、必然的に農業や林業のなかで発揮される技能も合理性と効率性を基調にしたものへと変貌していったのである。

これまでマルクス主義者たちは、資本制社会の矛盾をすべて賃労働と資本の次元で分析してきた。もちろんこのことのなかに資本制社会の矛盾があることを私も否定しない。しかし自然哲学の立場から、自然と人間の交通をとらえようとする視点から資本制社会をみていくなら、賃労働と資本の関係の成立はひとつの原因であるとともに結果なのである。あるいは資本制社会の成立自体がひとつの原因であるとともに結果である。

そして私が明らかにしようとしてきたことは、賃労働と資本の関係の成立、資本制社会の成立が、いかなるプロセスの上に、結果としてつくりだされたのかであった。いわばこの過程を単純商品経済の成立から賃労働の成立へ、そして資本制商品経済の成立へという単純な図式でとらえるのではなく、貨幣経済の浸透が自然と人間の交通の質を変えながら、そのことが人間の労働の精神的力能や精神、人間と人間の交通の質をも変えていくことを、その結果自然と人間の存在そのものが大転換をとげたことを、そしてその上に資本制社会が成立してくることをみていこうとしたのである。

実際自然と人間の交通のなかに貨幣経済の論理が介入してきたとき、そこから次々に新しいものが生みだされてきた。とりわけ大きかったのは、人間たちが〝もの〟をつくりだしていく過程を合理的な過程として意識するようになったことではなかろうか。それは合理的なものの考え方を人々が身につけるようになっただけでなく、人間自身を合理的な個体としてとらえ、技能を合理的なものとみなし、生産－労働過程を価値の生産過程という合理的な過程と考える意識を人々のなかに発生させたのである。

人間自身を合理的な個体としてとらえる発想は労働力商品の成立のなかに象徴的にあらわれてくる。ここでは人間は労働力商品の所有者としての合理的な個体以外の何ものでもない。そして技能を合理的な労働力能であるとみなす発想は、商品価値をつくる技能の成立と、その技能の技術化のプロセスを経て現実性を獲得していくことになる。また生産－

労働過程を合理的な価値の形成過程としてとらえる発想からは、〝経営〟という概念を芽生えさせ、ここに賃労働と資本の関係を成立させていくのである。労働対象、労働手段、労働力としての労働過程の諸契機が貨幣経済の論理によって合理的なものとして把握できるようになり、その結果生産－労働過程が貨幣的な合理性を獲得したこと、そのことが合理的な経営システムの形成を可能にしたのである。(72)

そして人間の精神から人間の概念、労働の力能、生産－労働過程の質にいたる全面的な革命が、人間たちの存在と意識をいっそう変革しながら、その総体の基盤の上に近代社会は準備されていく。賃労働と資本の矛盾として表現されているものが、単なる経済的搾取論だけでは説明できないのは、それが経済的基盤のみの上に生まれているのではなく、このような総体的な文化的変容の極に成立しているからである。

ところがこれまでのマルクス主義思想は、これらのことを正しく認識してきたとはいえなかった。しかしそうであるかぎり、経済的な意味での賃労働と資本の次元だけではとらえられない、その奥にある人間の精神や存在の問題は、つねにマルクス主義の思想体系のなかからこぼれ落ちて、そこに思想的空隙を形成してしまう。

いま振り返ってみれば、このことをマルクス主義思想の内部で克服しようとしたのが、敗戦後の哲学における主体性論争であった。(73)しかしそのような問題意識があったにもかかわらず、戦後主体性論争はこの論争を代表的に担った梅本克己においても、この思想的な空隙がマルクス主義のものであってもマルクスのものではないとする理解を大前提とすることによって、マルクスの思想体系と人間の倫理学を結びつけようとする試みに終ってしまっているのである。

しかし経済的な賃労働と資本の関係だけでは解きえぬ人間の存在の矛盾は現実に生まれている。そしてそれらの問題はときに宗教の側から、ときに心理学や精神分析学の側から、あるいは歴史社会学や文化人類学の側から、そして文学や映画、芸術の側から提起されつづける。

たとえば明治以降の日本に、ヨーロッパの近代主義的な考え方や価値観が移入されてきたとき、それと日本の伝統的な意識や価値観との間に葛藤が生じていることにいち早く気付き、それを問題にしたのは文学であり、芸術であり、映画であった。近代主義の移入は、それにまき込まれる人々のなかに人間の存在と意識の矛盾をつくりだす。だが今日に至るもマルクス主義者たちは、自らの方法でこの矛盾の構造を解き明かすこともなければ、この矛盾の存在に気付いてさえいない。

このようなマルクス主義の側の問題意識の低さは、たとえば芸術の問題をも賃労働と資本の次元で理解しようとする社会主義リアリズム論さえ生みだした。それに対し、主体性論争を代表した梅本は抵抗している。

「芸術は政治に奉仕するものではない。マルクス主義もまた『芸術至上主義』である。ただ現実の社会の矛盾、そこでの疎外の論理からはなれて至上の芸術などあるはずはないと思っているだけである[(74)]」

しかし芸術家の精神が芸術至上主義的であるという当り前のことを認めたところで、哲学は何も解決していない。問題はすぐれた芸術家は、思想的にであろうとも感性的にであろうとも、資本制社会における人間の問題を、賃労働と資本の次元よりももっと深いところでみているところにあるのである。そしてこの一段深いところの人間の存在の問題は、多くが沈黙の世界に属してきたのであって、理論的に説明することを困難にしてきただけである。

私が述べようとしていることは、賃労働と資本の問題を意味のないこととして葬り去ろうということではない。賃労働と資本の問題をも、人間の存在の次元においてもう一度とらえ直さなければならないということである。社会の矛盾は人間の存在のなかの矛盾になることによって、人間にとっての矛盾になる。それはひとつに物質的な存在の矛盾としてあらわれ、第二に精神的な存在の矛盾としてあらわれる。ただしこの二つの矛盾は切り離すことはできない。物質的な世界の変容は必ず精神的な世界の変容をもたらし、そうであるかぎり物質的な存在の矛盾は人間たちの精神のなかに新しい矛盾を形成するからである。

このように考えていくとき、私はこれまでの歴史のなかで、人間の存在の世界がいかに変容してきたのかをみる必要性に迫られる。そして自然哲学の世界からこの問題を考察しようとするとき、自然－人間関係のなかに形成されている人間の存在の世界が、歴史のなかでどのように変わってきたのかが、考察の対象に据えられるのである。

前記したように自然と人間の交通の質の変化は、自然の概念、人間の概念、人間のものの考え方、技能の質、生産、労働の概念のすべてを変革した。そして、そのすべての変革の上に、近代的な人間の存在は生まれてくる。その象徴的な出来事が賃労働と資本の関係の成立である。自然哲学の立場からすれば、賃労働と資本の関係の成立は、それ以降の人間のあり方の原因であるとともに、自然－人間関係の革命の上に生じた結果でもある。

そうである以上現代の資本制社会のなかで、人間たちはひとつに賃労働と資本の関係から生じてくる存在の矛盾のなかで暮しながら、同時に賃労働と資本の関係を生みだしたそもそもの原因からくる矛盾のなかで暮しているのである。

ここにマルクス主義の、そしてマルクスの気付くことのなかった人間の存在の世界が顔を出す。そしてこの世界の問題は、哲学が言語によって表現しないかぎり、つねに沈黙の世界に沈澱してしまうか、文学や芸術の世界から訴えかけられるしかない。

自然哲学は、今日の人間の矛盾の基礎にあるものを解き明かさなければならないのではなかろうか。なぜなら自然との交通をとおして生きている私たちが、自然との間に疎外された交通を取り結ばなければならなくなったとき、人間の存在の世界は、そのすべてが変わっていたからである。

四　自然の価値の相対的低下について

自然のなかに使用価値の源泉をみいだし、労働を加えて使用価値をつくりだす、ここに自然と人間の交通の原初的な形態があるとすれば、今日狭義の労働過程のなかでおこなわれている自然と人間の交通は、自然のなかに商品価値の源泉をみいだし、それを加工して商品価値をつくりだすものに変わってしまっている。この二つの交通の間には、何よりも自然と人間との精神的な交通の質の相違がある。その相違が労働過程での労働の合目的的意志の相違として、さらに技能の質の変容としてあらわれてくることを、この章の冒頭で私は述べてきた。そしてその上に、今日の技術を媒介とした自然と人間の精神的な交通も成立している。

「技術とは人間実践（生産的実践）に於ける客観的法則性の意識的適用である(75)」

この武谷三男の技術規定は、技術に対する正しい認識を示している。ただ武谷は、社会全体の変容のなかで自然と人間の交通の質が変わったことの上に、現実の技術が形成されていることをみていないだけである。現実の技術はつねに社会の影響下にある技術としてつくられてくる。その意味では社会的諸関係から自由な純粋技術が、現実的につくられることはない。自然と人間の交通のなかに、貨幣経済、商品経済の論理が介入してくる社会にあっては、技術は疎外された技術としてつくられつづける他ないのである。

技術は自然科学的自然認識をとおしてみつけられた自然の法則性を労働過程のなかに適用することによってつくられてくる。しかしここには二つの前提がある。第一に現実の自然科学的な自然認識は、自然を人間にとって客観的な体系として把握するところからつくりだされ、それは自然を価値の対象として客観化する精神と折り重なるようにしてつくられてきたということである。ここでは自然科学的な自然認識自体が商品経済によってもたらされた価値意識から自由ではないことを意味している。第二にその技術がつくりだされる場所としての生産－労働過程は、すでに商品の生産過程として客観化されてきている。とすれば現実につくられる技術が、商品の生産過程の論理から自由でありうるだろうか。こうして技術は、二重の不自由に影響されてしかつくりだされない運命をもたされたのである。

もちろん私たちは、商品経済によってつくりだされた価値観から自由な、純粋な技術を想定することはできる。その意味では技術が本質的に否定されるべきものであるわけではない。ただ忘れてはならないことは、技術は社会的な概念であり、現実の社会の状態と無関係に成立することはできないということである。

とすると自然と人間の精神的な交通の状態が技術に表現されるようになっていく現実の過程は、商品経済社会の産物としてつくられていくのであり、そのことが自然と人間の交通が技術的な交通になればなるほど、使用価値を媒介とした、あるいは技能を媒介とした交通を失わさせ、自然と人間の交通を疎外された交通へと変貌させていってしまうのである。

ところで商品経済が浸透した社会にあっては、労働対象としての自然は、つねに商品価値の源泉としてとらえられる。ただし自然はただそこにあるだけでは、いかなる商品価値の源泉をも所有していない。その自然を商品価値の源泉としてとらえる生産－労働過程＝商品の生産過程があってはじめて、その自然に商品価値の源泉としての意味が生じる。

たとえば山の中に鉱石がうずもれていたとしても、それだけではいかなる商品価値も生じないし、その鉱石に商品価値の源泉としての意味が内在されているわけでもない。その鉱石を掘り出し、製錬するシステムが築かれることによって、はじめてその山も鉱石も、商品価値の源泉としての意味をもってくる。

もちろんこの自然と人間の関係はいつの時代でも変わるものではない。使用価値の社会にあっても、自然のなかに使用価値の源泉をみいだす技能が存在しなければ、自然に使用価値の源泉としての意味があるわけではない。自然は人間の労働力能と関係をもつことによって、何らかの価値を提供する。しかし使用価値をつくりだす技能を媒介として自然と人間が交流する時代と、商品の生産過程を媒介にしてそれが実現する時代とを、私たちは同質のものとみなすことはできないであろう。

自然と人間が使用価値にもとづく技能を媒介として交流している間は、人間は自然の作用のなかに使用価値の源泉をみいだしていた。もし自然の本質がその作用=質にあるとすれば、自然とは総合的にしてひとつのものである。ここでは自然が総合的なものであることを前提にして、それを活用する技能が生じてくるのであり、その意味で人間は自然と直接的に対峙している。

ところが自然と人間の交通が商品の生産過程として実現するようになると、即ち労働によって生みだされる価値が使用価値から商品価値に移行するにしたがって、生産-労働過程に対する自然の比重は相対的に低下しはじめる。

商品の生産過程がとらえる自然の価値とは、総合的な自然ではなく、商品価値の源泉を所有する自然の一部である。しかもその自然の一部に商品価値があるかどうかは、それを活用して商品をつくりだすシステムが形成されているかどうかにかかっている。そのシステムの側が、自然のもつ価値を決定する。そしてそのシステムが高度化、複雑化するにしたがって自然の比重はますます低下する。

たとえば自然のなかに自生している野草や木の実を採取して人間たちが暮している間は、そこに採取という労働が加えられているとはいうものの、人間の労働よりは自然の生命力の方がはるかに高い比重をしめている。その後農耕がはじまり、自然を加工して生活のなかで役立てるようになってきても、そこで使われる技能が使用価値をつくる技能であるかぎり、自然の生命力と人間の労働は、使用価値を媒介とした均衡を保っていると言ってもよいであろう。なぜなら自然と人間の労働が調和することによってしか、新しい使用価値は生まれてこないからである。

ところが商品の生産過程をとおして自然と人間が交通するようになると、事情は変わってくる。商品をつくりだす主体は自然にも人間にもない。商品を生産するシステム自体がここでの主体であり、自然も人間＝労働力もそのシステムの手段でしかない。即ちかつては自然の生命力と人間の労働が均衡を保つところに自然と人間の交通が実現していたのに、いまでは商品の生産過程の手段にまで自然の地位も人間の地位も低下しているのである。

今日私たちが使っている商品は、金属を加工したものであれ、土や石や原油や木や草や皮を加工したものであれ、すべてが自然を加工することによってつくられた商品であることに変わりはないが、といって私たちはプラスチックを自然の変形だとは意識していない。それはプラスチックがつくりだされるまでの過程では自然は手段でしかなく、プラスチックを生みだしていくプロセスが絶対的なものだからである。それ故に私たちは、それが工場のなかで無からつくりだされたかのような気持をいだくようになる。

だがそれは生産－労働過程の比重が高まり、自然の地位が相対的に低下すれば必ずおこることなのであろうか。私は必ずしもそうは思わない。たとえば昔の職人たちがつくりあげた家はどれほど自然を加工した上にでき上っていくものであっても、家が自然と労働の結晶であることは意識できたのである。山林労働者によって切り出された丸太は製材職人の手によって柱や板にされ、大工の手で再び加工される。だがその加工過程のひとつひとつが、使用価値をつくりだす技能によって支えられているかぎり、自然の産物としての木の性格は少しも損なわれない。なぜなら職人や労働者たちは、労働対象たる素材のもつ自然の性質をみながら、その性質と自分の労働とを結びつけながら働いていたからである。

ところが今日つくられている家は、同じ木質系の家であったとしても、そんな感じは少しもしない。商品としての木を組み合わせて商品としての家をつくっていくだけであるから、その木がどんな自然条件のもとで育ち、その木はどんなふうに使われたとき一番木の性質を有効に利用することができるかなどがいっさい無視されて、ただ商品としての家ができていくだけである。

労働の精神的力能が使用価値をつくる技能である間は、このようなことは決してなかった。どれほど加工を繰り返されたものであっても、労働生産物にはそれが自然と労働の結晶であることがみえていたはずである。たとえば職人的な旋盤工は、たとえ金属の性質を科学的に知ってはいなくとも、経験的に金属のもつ自然的性質は熟知していて、それを生かしながら金属を加工することができた。そうやって加工されたものには必ず自然が残っている。

技能のなかに使用価値の創造という面が残っているかぎり、人間たちは労働対象のなかに使用価値の源泉をみいだし、それに労働を加えて使用価値をつくりつづける。きちっとつくられた料理はどれほど素材の元のかたちを崩してしまっていても、元々の魚や野菜の存在を感じることができるのと同じようにである。ここでは労働過程は自然と人間の交通であるという面は、しっかりと守られている。そして、そうであるかぎり、自然と人間は使用価値にもとづく均衡を保ちつづけるのである。

商品の生産過程＝生産のシステムの比重が高まり逆に自然の比重が低下していく、それは単純に生産システムの複雑化、高度化に原因があるのではなく、自然と人間の交通を司る生産－労働過程が自然からも人間からも自立し、価値の生産過程としての合理的なシステムを形成しながら、自然も人間もそのシステムの手段にしていってしまうからである。故に商品の生産過程が、使用価値をつくる技能を必要としなくなればなるほどに、自然と人間の比重は生産システムに対して低下していく。

ところで自然のなかに商品価値をみいだす社会にあっては、自然の総合性は二重の意味で無視されるようになる。ひとつはいま述べてきたような意味、即ち技能の喪失が労働対象としての素材のもつ自然性を無視させ、たとえその自然性に価値をみいだしたとしてもそれは商品価値の源泉としての一部の自然性だけになってしまって(たとえば木材の木目というように)、素材のもつ総合的な自然性が無視されるという意味においてである。もうひとつは、商品価値の源泉としての自然だけを価値ある自然としてみる結果、自然は総体にしてひとつのものであるという認識が無視されていくことである。ここから無価値とみなされる自然が生まれてくる。

実際今日の自然の荒廃はここから生じている場合が多い。たとえば山に何らかの商品価値の源泉がみいだされると、それが山の自然全体の価値と同一視されるようになり、商品価値を生まない他の山の自然の側面は無視されるようになる。鉱山となった山では鉱物資源以外の山の価値は切り捨てられ、林業＝木材の生産の場所になった山では、木材資源以外の自然の価値は無視されるようになる。

一般には植林された山は自然が守られていると信じられているが、必ずしもつねにそうであるわけではない。植林が自然の荒廃を招く例はいくらでもあるのである。日本の植林された森林はほぼ全部が杉、檜、落葉松の針葉樹であるが、森林の自然の総合性は針葉樹一色にぬられた山からは生まれない。山に棲む動物も草花も昆虫や小動物も、川に暮す魚さえ広葉樹の森林を好む。それが針葉樹にぬり込められることによって、杉や檜、落葉松といった植えられた樹種以外の生息環境は著しく低下するのである。

そればかりでなく落葉松のように根があまり張らない木を急斜面に植えたために、台風のときなどは倒木しそれが崖崩れを誘発させるといった現象も各地であらわれてきている。いわばそれらは商品価値のない自然は無価値な自然とみなし、「価値」ある自然だけに自然を改造してしまおうとしてきた結果生じた自然の荒廃である。

私のように釣り竿を持って山村の川を歩く者にとっては、事態はいっそう深刻である。これだけ多くの川がありながら、天然魚の満足に棲息できる川はほとんど日本からなくなってきてしまった。それは川のもつ商品価値が水に求められ、川を水資源を確保する場所にして活用しようとする今日の河川改修の結果なのであるが、そのために川のなかにも総合的な自然体系があるという面はすっかり無視されるようになってしまった。

このように述べていくと、次のような反論に出合うかもしれない。それは自然のなかから特定の価値を引き出そうとするのは歴史貫通的な人間の属性であって、商品経済の時代に特徴的なことではないのではないかという反論である。

確かに古代から今日に至るまで、人間たちは自然のなかに食料であれ木材や薪であれ、特定の価値を求めてきたであろう。だがそれが広義の労働を媒介とする自然と人間の交通として実現していた間は、自然のもつ総合的な価値は正当に認識されてきたのではなかろうか。

たとえばかつて山村の人々が広義の労働の世界のなかで暮していた時代にあっては、山村の自然は様々な価値を人間たちに提供していた。春には山菜が、秋には茸が育ち、山の木は木材も炭も薪も提供した。薬草、動物、魚、それらすべてが広義の労働をとおして生活のなかで使われた。川は村人に飲み水を与え、時に農業用水となり、洗い場となり、それをとおして村人のコミュニケーションの場になった。いわば毎日の暮しのなかで、山村の自然は広義の労働にとっての労働対象となり、それ故に実に雑多な価値を提供しつづけたのである。広義の労働の存在そのものが、自然を総合的なものとしてとらえざるを得ない自然と人間の交通の世界をつくりだしていた。

ところが今日では自然のなかの商品価値を生みだす特定の自然だけが尊重され、他の自然の側面は無視される。それは商品をつくりだす労働としての狭義の労働だけが特別の地位を築き、広義の労働が無価値化する、あるいは広義の労働が狭義の労働と較べて低い地位に甘んじるようになることと関係している。だから、たとえば木材や鉱物を提供するという特定の目的の前には、それ以上の商品価値を生まない他の自然の側面は、無価値化するか、低い価値しかもたないものとして切り捨てられる。

なぜ人間たちは自然を荒廃させてしまったのか、このように問われたとき、私たちはその原因を生産力の発達や科学技術の発達、あるいは資本制商品経済の矛盾のなかに求めてしまう志向をもっている。だが私はこの問題は労働の質の問題として、即ち自然と人間の交通の質の変容の問題としてとらえられなければ、その本質は理解できないと考える。狭義の労働の成立が広義の労働を無意味化し、そして狭義の労働の世界では、即ち商品の生産過程では、商品を生みだすシステムが中心的役割を担うことによって、自然も人間もそのシステムの手段に転落していく。ここに自然と人間双方の比重の低下が発生しながら、一方で自然の価値の特定化と総合性の解体が、他方で生産システムの自然と人間からの自立にともなって、使用価値をつくる技能の不必要化と生産システムの技術化が推進されていくのである。この新しい自然と人間の交通の結果が、今日の自然の荒廃に他ならない。

自然と人間の交通が狭義の労働過程を支配的な形態とするようになり、その狭義の労働過程に量の概念が介入して、とどのつまりそれが貨幣価値としての量を生産する場所になってきたとき、ここから三つの新しい現象が生まれてきた。第一に生産‐労働過程が価値の形成過程として客観化され、ここに経営概念をとおして生産‐労働過程をとらえ直す新しい意識が生みだされた。第二にその生産‐労働過程が価値を生産するシステムとして自然からも人間からも自立し、逆に自然を人間を手段として使う固有のシステムとして自立的な展開をとげる基礎が築かれた。そして第三に、自然と人間が労働と生産の主体から手段へと転落した結果、生産システムをシステムとしてのみ効率化することや、その技術化を計ることが可能となった。

もし自然と人間の交通が使用価値をつくりだす技能を媒介として成立していたら、生産と労働の場所は自然と人間に支配権を押さえられていたであろう。自然のなかに使用価値の源泉をみいだし、それを技能によって使用価値化していく、この過程のなかにしか自然と人間の交通は成立しえないからである。そして、そうであるかぎり、労働過程のなかに今日のような技術を導入することは不可能だったはずである。なぜなら前記したように今日の技術は、生産‐労働過程が商品の生産過程、価値の形成‐増殖過程として自立し、それ故に自然と人間を手段として使うことが可能になっていることを前提として形成されてきたからである。

資本制商品経済社会の成立が近代以降の社会の状態の原因であるとともに、それまでの変革の結果としてつくられてきたのと同様に、自然と人間の交通の技術化はそれ以降の自然と人間の交通の質の変容の原因であるとともに、それ以前の自然と人間の交通の質の変容の結果でもある。

もちろん技術自体は自然科学によって導き出された自然の法則性を生産の場所に適用することをとおして形成されてくる。(76) そしてその基礎のひとつには、前述したように自然と人間の交通のなかに貨幣の論理、商品の論理が介入し、使用価値をつくる技能が商品をつくる技能へと、あるいは質としてしか把握できない技能が量化された技能へと変質したという現実があった。そして第三に現実の技術はこの二つの上に、自然からも人間からも自立した生産－労働過程の成立を、それ故にこの生産－労働過程を合理的に、効率主義的に自己展開させていくことが可能な状況がつくられたことを前提にして形成されたのである。現実の生産技術は、自然と人間の歴史のこのような負の遺産の上に成り立っている。だから、技術が発達すればするほど自然も人間も疎外されつづけるという矛盾が発生してくるのである。

技能がそうであるように技術はつねに社会的な概念としてしか成立しない。その結果、たとえば今日の技術は、その技術を支える社会的諸関係や自然と人間の交通の質が形成されていない社会では、決してうまく稼動することはない。実際「先進技術」を導入してもそれがうまく稼動しなかった社会や国家の例はいくらでもあるだろう。逆にみればもし〝社会主義国〟が先進技術をうまく使いこなすことができるなら、その〝社会主義国〟には、資本制社会ときわめて類似する社会の基礎構造が、あるいは自然と人間の交通が存在していると言ってもよいのである。

ところでこのような視点からみていくなら、今日の企業が技能工という名称を与えている労働者の多くが、いささかも技能的な労働をおこなっていないことがわかってくる。ここでは簡単な技術的な労働が、正確に述べれば技術従属的な労働がおこなわれているだけである。それに較べれば通説とは逆に、現在では技術的、あるいは一般に「知識集約的」と言われる労働分野の方が、相対的には技能的な性質を残していると言ってもよい。なぜなら技術的、「知識集約的」と言われる労働分野で実際に必要とされているものは、客観的、科学的な知識である以上に、永年の蓄積、経験から生まれてくる直観やヒラメキである場合の方が圧倒的に多いからである。そして人間の直観や判断力に依存する度合が高ければ高いほど、生産システムと人間の関係では人間の比重が高まる。

だがこうして生まれてくる現代の技能的な労働を私たちは無条件で評価することはでき

ないであろう。というのはたとえ労働が技能的であったとしても、その技能は使用価値をつくりだす技能からは程遠い場合が圧倒的に多いからである。たとえばそれは新しい商品の構想力であったり、生産技術を改革するヒラメキであったり、販売上のコツであったり事務処理上の判断力であったりするが、それらはいずれも使用価値ではなく経済効用を生みだすための技能である。(77) そしてこの経済効用を生み出す技能は今日の技術と対立せず、むしろ技術を活性化させる役目を果す。技術的な自然と人間の交通の質は、このような技能が存在することによって、むしろその基盤を強固にするのである。

自然と人間の交通が技術化されていく過程とは、このようなあらゆる面で生起する巨大な変革に支えられながら実現していったのではないだろうか。そしてそのことは、個別の技術を論じることによって現代技術の矛盾を説く論法を虚しくさせる。私たちは自然と人間の交通が総体として変容した結果つくりだされた現代技術を問題にしなければならないのである。そしてそれは別の角度からみれば、自然と人間の交通という視点から、資本制社会と貨幣経済、商品経済の社会総体を問題にすることなのである。

だがこうして自然と人間の交通のなかに技術が定着してくると、自然のもつ価値はその技術を媒介にしてとらえられるようになってくる。商品を生産する技術が自然と、そして人間のなかに価値をみいだすようになる。ここに私たちはマルクスがとらえようとした資本制社会の新しい姿を発見するのである。

五　労働の主体剝離と人間の自然性の喪失

自然がなくなったと言うとき、私たちはそこに二つの意味を含めている。第一に名詞的な意味で自然がなくなったと表現するとき、それは自然が破壊されたというようなときに使われる言葉である。もうひとつは形容詞的な自然の喪失、労働のなかの自然性が失われたとか、人間の自然性がなくなってきたというようなときに使う自然という言葉がそれに当るであろう。

前節までのところで私は、自然のなかに商品価値の源泉をみいだす生産様式の存在が、必然的に自然の荒廃をもたらすことをみてきた。実際広義の労働が意義を失い、商品をつくりだす狭義の労働だけに価値をみいだす社会では、商品価値を生まない自然は無価値な自然として、ときに解体の対象にさらされてきたのである。そしてその基礎には自然から価値を引きだす主体が、自然と人間の直接的な交通にあるのではなく、その交通を司るシステム＝生産過程に主体が移行し、自然も人間もそのシステムの手段になってしまったことがあった。

しかしそれは名詞的な自然を荒廃させただけに終っただろうか。これまで述べてきたように、この変化を労働の面から考察すれば、質的なものとしてあった技能が量化された技能に変容し、さらにそれが技術化されるという経緯が成立していた。そのことによって自然と人間の交通を司る主体が、自然と人間そのものではなくなり、自然と人間を結ぶシステムとしての技術に移行する。あるいはこの生産技術の手段に、自然も人間も堕ちていったのである。

この現象を私は労働の疎外というあいまいな言葉ではなく、主体剝離、または労働過程からの労働主体の剝離と表現することにする。なぜならマルクスが『経済学・哲学草稿』で述べているように、労働の疎外には労働者が生産物から疎外されるという意味と、労働者が労働過程における精神的力能を資本家に奪取されるという二つの意味が含まれており、さらにそのことが、人間性の喪失(＝人間の人間からの疎外)と個と類の疎外(＝類的人間からの個の疎外、自然としての類からの個の疎外)としてあらわれてくる人間の疎外に連続していく概念として労働疎外という言葉は使われているからである。

いまここで私が述べようとしていることはこの第二項の問題、即ち労働過程における労働の精神的力能を労働者が資本家に奪われるという内容に対応するのであろうが、しかしその意味は大きくくい違っている。というのはここでの私の関心は、自然と人間の交通の主体が、本来ならその交通を媒介するだけのものであるはずの生産過程のシステムに移行し、そのことによって自然と人間の交通＝労働過程のなかから労働主体が剝離されるということにある。そして一応述べておけば、そのことによって、自然と人間の交通の主体となった生産システムが自然からも労働からも自立した資本へと転化し、ここに自然哲学の視点からみた賃労働と資本の関係が成立するのである。とともに一面ではその資本の所有者として、しかし本質的にはその資本の機能を人格的に表現する者としての資本家が形成されることになる。その意味では資本制社会における階級関係の基礎には、自然－人間関係としての労働過程における労働の主体剝離が存在するのである。

ところでこの主体剝離という現象は何をもたらしていくのであろうか。私にはここから二つの問題が生起してくるように思われる。そのひとつは、生産システムが自然と労働から相対的に自立することによって、それ自体が自己展開をとげるようになるということである。即ち自然と労働を手段として商品をつくりながら、それ自体が自立的に自己革新をとげるようになる。それを生産システム＝資本という側面からみるなら、価値の形成と増殖をもっとも合理的、効率的に実現する方向に向けて自己革新をとげていくことであり、ここにおいて資本は単に商品をつくりだすだけではなく、価値一般を生産し資本を再生産する機能を獲得するのである。

ここからマルクスが分析した『資本論』の世界がはじまる。そして単に自然と人間の交通を媒介する手段にすぎなかったはずの生産システムが資本として自立し、価値の形成－増殖過程として、あるいは資本の再生産過程として機能しはじめたとき、それは本当の意味で自然からも、人間と労働からも、さらに使用価値のしがらみからも自由になったのである。そこから主体剝離という現象が生みだした第二の問題がでてくる。それは自然と労働が主体から手段に転落したことから生じる、労働と労働行為者としての人間の自然性の喪失という問題である。

前記したように労働の自然性の喪失は、単に生産－労働過程が複雑化しただけでは生じない。自然と労働が生産過程の手段になり、労働対象のなかに内化されている自然を労働者がみることができなくなったことに原因している。

使用価値をつくるということと、労働過程が労働主体を軸に形成されているということ、労働が技能的であるということは、同一の質を表現しているのではなかろうか。なぜなら使用価値をつくりだしているものが技能であり、技能を用いて使用価値をつくる労働が実現している労働過程のなかでは、生産の主体はつねに労働主体の側にあるからである。

この関係は今日でも広義の労働の世界では生きている。たとえば私たちが趣味として何らかの「仕事」をするとき、あるいは農民が自家消費用の作物をつくったりするとき、即ち商品や貨幣の論理の浸入を受けていない労働に従事するとき、労働はつねに使用価値をつくる労働であり、労働主体を軸にした労働であり、技能的な労働になっているはずである。自然と労働は手段ではなく主体そのものである。

そして、そうであるかぎり、直接的であるか間接的であるかを別にして、人間は労働対象のなかにある自然をみながらそれを加工していくという、本来の自然と人間の交通を実現しているはずなのである。労働者はときに労働対象のなかに直接的な自然をみ、ときに半加工された自然をとらえ、ときに人間を含めた総体としての自然のもつ自然性を視野に収める。そしてそれと自分の労働の関係をとらえていく。

このような関係があるかぎり、労働は自然と人間の交通であり、また労働のなかの自然性も、労働行為者としての人間の自然性も失われていない。ところが自然と労働が生産過程の手段とされるような生産様式のもとでは、労働者は労働対象のもつ自然をみることから阻害されている。労働者は生産システムに労働力を提供すればよいのであって、いわば労働過程では主体は剝離されている。そこから生じてくるのが労働からの自然性の喪失である。

そしてこの労働からの自然性の喪失が、人間からの自然性の喪失を招くことになる。直接的にも間接的にも労働過程のなかに自然と交通する場所を失ったとき、人間自身が自然性を失っていくことになるだろう。そこから自然の一員としての人間であることとの放棄がすすんでいく。

もちろんここで述べている自然との交通とは、直接自然と向きあった仕事をしていることを意味しているわけではない。たとえ自然のなかで仕事をしていても、その労働が自然との交通を主体化させていない例はいくらでもあり、逆に直接的な自然から遠ざかっていても、労働のなかでは自然の総体性と向きあっているような労働はいくらでもあるといってよいだろう。たとえば丸太を製材するような仕事をしていても、そこで切断されていくものが丸太ではなく、鉄でもプラスチックでも労働者にとっては関係ない場合はあるし、農業でさえ単なる陸地の上での商品の生産工場として営まれているケースはいくらでもある。とすればそこでは自然と人間の交通を主体化した労働はおこなわれていないのである。

おそらく労働の主体剝離がすすんでいる生産様式のなかでは、即ち狭義の労働過程として、商品の生産過程として成立している生産システムのもとでは、本質的に自然と人間の交通を主体化するような労働は存在していないのである。資本制生産様式のもとでの労働は、本質において自然性の喪失した労働にならざるをえない。そしてそのことが人間の自然性を再生産させず、自然性の剝離された人間を生みだしていくことになるのである。

自然がつねにつくり変えられているのと同じように、人間もつくり変えられつづけている。そして貨幣経済の成立以降の問題は、自然性を剝離された労働が発生することによって、人間自身の自然性が剝離されてしまいだしたというところにあるのである。

もちろん私たちは意識化された部分において自然と人間の交通を理解することはできる。たとえばそれは知識として自然を知ることであり、自然科学的に自然を認識することであり、人間は自然と交通することなしには生きていけないことを意識することである。しかしそれらのことによって、人間の自然性が守られていることにはならない。ちょうど熟達した職人が意識することなくすぐれた作品をつくり上げてしまうように、無意識のうちにおこなわれている人間の判断、感性そのもののなかに「自然」が守られていなければ、私たちは人間における自然剝離を克服しているとはいえないのである。

そして、そのような自然剝離を発生させないためには、労働のなかの自然性が守られ、そのことによって人間のなかの自然性が再生産されつづけていなければならないのである。

とすれば今日の狭義の労働、即ち資本制商品経済のもとでの労働では、人間の自然性を守ることはできなくなったといってもよい。自然、労働、人間が商品生産の手段とされてしまう生産様式、労働主体が剝離されていく生産様式のもとでは、そもそも自然と人間の交通を労働をとおして主体化することは不可能だからである。その結果今日の私たちにとっては、自然はつねに客観的対象物でしかなく、自然と人間の交通も、客観的な対象物としての自然と自己との間の意識された交通にならざるをえない。とともにそのようなものであるからこそ、客観的体系として定められた自然の分析学としての自然科学の成果に、私たちは納得してしまうのである。

資本制生産様式は自然哲学の視点からは、第一に自然と人間の交通としての労働過程から労働主体が剝離されていく生産様式としてとらえられ、第二にその結果自然と人間の交通の主体がその交通を媒介する生産システムに移行し、その生産システムが資本として自己展開していく生産様式としてとらえられる。そしてその生産システムの自立に基礎を与えているものが、人間的技能の崩壊と技術の自立である。そしてそれらの諸結果として生じているのが人間からの自然剝離、あるいは自然性剝離なのではなかろうか。こうして貨幣経済の発生にはじまった巨大なる歴史の革命は、ひとつの完成された体系を確立したのである。

第三章　自然—人間関係の制度化について

一　自然－人間関係の物質的制度化について

人間たちは太古の昔から自然と交通しながら暮してきた。しかしある時点からその質を変えた。貨幣経済を媒介にして自然と交通するようになったのである。そこから人間の主体と関係を結ぶことによって成立している自然も、人間の側の世界も変わっていった。そしてそれは、貨幣経済を媒介とした自然－人間関係の制度化をすすめていくことになった。自然－人間関係の制度化には、二つの形態が存在する。ひとつは物質的な自然－人間関係の制度化の形態、もうひとつは精神的な自然－人間関係の制度化の形態である。もちろん両者は相互に補完的な関係を取り結んでいるが、ここではまず第一の問題からふれていってみよう。

たとえば私が釣りをするような山間部の川はいまではほとんどが昔の面影もないほどに荒れてしまっているが、その直接的な原因は次のようなものである。第一に事業所ごとの独立採算制のもとで運営されている国有林がその植林政策をとおして、とともに手早く現金収入を得るために雑木林の皆伐を推進させてしまった。その結果森林が河川に流入する水量を調整できなくなり、簡単に述べれば雨が降れば一度に河川水量が増し、晴天がつづくと川は渇水化するようになった。とともに森林による土砂流出防止効果がなくなり、大雨が降るとそのまま土砂が河川に流入するようにもなってきた。

第二に河川に沿って幹線林道の建設がすすみ、それが山の斜面を崩すとともに、林道建設のとき山を削って発生した土砂もコスト低減のためにしばしば河川敷に不法投棄される。第三に水資源管理の視点からのみ河川管理がすすめられ、河川に数多くの巨大ダムがつくりあげられた。それが川と海の連続性を切断するとともに、ダムが土砂で埋没するのを防ぐために、その上流部に無数の砂防ダム、砂防堰が建設されてきた。ところが砂防ダムは短期間に土砂で埋没してしまうために、砂防ダムの上にまた砂防ダムをつくるということが歯止めなく進行し、結果としては堰と土砂に無数に切断された現在の日本の山間部の川ができあがったのである。[78]

日本の山間部の河川が荒廃した直接的な原因をたどれば、以上のように森林開発、林道建設、ダム・堰堤建設をあげることができるだろう。もちろんそれ以外にも道路改修などとともにすすめられた河川の護岸工事や流路変更などの影響もあるが、前記三つの要因は日本中どこに行っても必ずみつけだせるものである。その結果、現在川の自然に関心をいだく者の要求は、森林伐採の中止と雑木林の保全、林道工事の中止もしくは工法の再検討、ダム・堰堤事業の見直しを求めるものになっている。

さて現象的にはこのようなかたちであらわれてきている日本の山間部の河川の荒廃の奥には何があるのであろうか。すぐに気付くことは、森林と山が木材をとおして貨幣価値を生みだす場所にされていること、第二に河川が基本的には都市の水需要を満たすための水の供給地にされてしまっていることである。そしてこの二つの要求を一番合理的に満たすように、森林も、山も河川もつくり変えられてきてしまった。杉、檜の植林によって埋めつくされようとしている山と、幾重にもダム、堰によって区切られた河川の姿はそのことを物語っている。

そしてそのことは、その目的以外には利用できない「自然」をつくりだしていくことになる。単一樹種によって植林された山では、山の自然の総合性が否定され、水の供給地とされた川では川の自然の総合性が否定される。「自然」がつくり変えられることによって、「自然」の物質的な形態そのものが、他の利用を阻害するようになるのである。

この関係は価値を媒介にしてのみ自然と人間が交通するところでは、どこにでも生じるといってもよいだろう。埋めたてられた海岸は産業用地以外の目的で利用することはほとんどできなくなってしまうし、ゴルフ場をゴルフ以外で利用するのもむずかしい。いわばここでは自然と人間の関係は、単一の目的によって物質的に制度化されてしまっているのである。

もちろん太古の昔から人間たちは何らかの目的を実現するために自然を加工しつづけてきただろう。たとえば日本では畑作を営むための自然の加工は、数千年前にさかのぼる。しかしその延長線上で今日の自然の加工がすすんでいるともまた思われないのである。なぜならここにも使用価値をつくりだすための自然の加工と、価値の再生産過程のなかで自然が加工されるときとの相違があらわれてくるからである。

これまで述べてきたように使用価値の生産を媒介にして自然と人間が交通するときには、第一に自然の作用と人間の労働が直接的に融合し、第二に自然の作用は自然の総合性と不可分の関係にあり、第三にこの自然の作用と労働が交通の主体であるという関係が結ばれていた。即ち自然の総合性そのものと人間の労働に密着するかたちで、自然の加工もすすめられていたのである。しかも第四に、その労働はいま私たちが意識しているような狭義の労働ではなく、広義の労働である。

その結果自然を加工しても、自然と人間の関係が単一の目的の前に制度化されることはなかったのである。たとえば昔からの港と現在の港湾との違いはそこにあるし、昔からの港や堤、畑の畔を歩いたとき私たちがどことなくホッとするのは、制度化されていない自然と人間の関係がまだ残存していることをみいだすからである。広義の労働が生命力をもっている世界では、単一の目的にしか利用できないように自然を加工してしまうことは、広義の労働の世界自体を否定することになってしまうであろう。

とすれば自然と人間の関係が物質的に制度化される要因も、狭義の労働の発生とその基礎にある人間の存在のなかへの貨幣経済の浸透にもとめられるのである。貨幣経済の浸入によって、貨幣価値を生みだす労働だけが〝本当の〟労働化され、次にこの労働をもっとも合理的に推進できるように自然がつくり変えられていく。そして資本制商品経済の成立によって、価値の形成－増殖をつかさどるシステムが自然と労働から自立し、いわば自然も労働も資本の再生産のための手段に転じていったとき、その生産システムをとおしてしか利用できない自然がつくりだされていく。

ところで自然と人間が物質的に制度化されていく過程では、次のようなことも同時に生じているのではないだろうか。それは第一に自然の加工されていく過程がマニュアル化されることであり、第二にそこでの労働過程と労働がマニュアル化され、第三にそれらの結果として自然と人間の交通そのものがマニュアル化されることである。

たとえば今日の木材の生産過程をみるなら、それは植林、育林、伐採の三つの過程に大別される。とともにこれらの過程は、商品の生産過程として効率的に計画化されている。それは森林の生成過程そのものが木材の生産過程としてマニュアル化されていることを意味している。とともに生産過程自体がマニュアル的であり技術的である以上、そこで使われる労働も不断にマニュアル的な労働にむかって変容していくのである。育林の中心をなす下草刈り、枝打ち、間伐にしても、今日のそれはマニュアルにしたがった労働でしかない。その結果、商品生産のマニュアルに入っていない自然の価値が壊されつづけるという問題も生じてくるが、(79) それらのことは自然と人間の交通そのものがマニュアル化され制度化されていくことを意味しているのではなかろうか。

おそらく資本制商品生産の法則に貫かれながら自然を加工していく場所では、どこでも同じことが発生しているにちがいない。なぜなら自然のなかの特定の価値を商品価値の源泉としてみいだし、それを加工することによって商品をつくりだしていく自然と人間の交通が成立している以上、それは価値の生産過程としての合理性に導かれながら、マニュアル化された生産過程を形成する他ないからである。そしてそこでは不断に技能の陳腐化がすすみ、技能の技術化がはかられながら、労働自体がマニュアル化していく方向性が生じていくだろう。自然と人間の関係が商品生産を媒介として制度化されることは、自然と人間の交通がマニュアル化していくことに他ならず、またこの自然と人間の交通のマニュアル化をとおして、自然と人間の関係はいっそう制度化されていくのである。

そしてこのような関係の成立がさらに広義の労働を崩壊させていくことになる。実際私たちが広義の労働の世界のなかで暮そうとしても、その労働の対象になるような自然が今日の日本にどれほど存在しているというのだろうか。山村においてさえ、木材の生産以外にはいかなる労働対象にもならない森林がひろがり、いかなる活用も不可能な川がつくりあげられている。

農村においても水田の水管理以外の役に立たないコンクリートによってつくられた用水網ができあがり、とりわけ都市のなかに労働対象としての自然をみつけだすことは、ほとんど不可能である。いわば都市の自然は制度化された公園として使うしかなく、農村や山村の自然も単一の価値を媒介としてしか交通できないようにつくり変えられてきているのである。その結果私たちは、その自然と人間の制度にしたがった交通マニュアルにもとづいてしか、自然との関係を確立することはできなくなっている。広義の労働の世界のなかにあった自然と人間の交通は崩壊しているのである。

そしてそのことが今日の社会における独占と管理という問題を生みだしていく。前記したように資本制商品経済の社会では、自然と人間の交通の主体は、自然と労働そのものにあるのではなく、資本として機能する生産過程に移行している。その生産過程が自然と労働を手段として使うシステムを形成している。そのことが資本による手段の独占を可能にしていくのである。

たとえば私が各地を歩いていて不思議に思うのは、なぜ私企業による海岸線の独占が可能なのかということであり、私企業による山や川の独占的利用がなぜ問題にならないのかということである。私がよく釣りにでかける村の近くでは、石灰岩を産出する二つの山が、頂上付近から取り崩され、山の景観を著しく損傷させているが、それは単に景観の問題ではなく、自然が私企業の独占下におかれ、企業はその自然に商品価値の源泉をみいだし、その視点からしか自然が利用できない制度が完成していることを意味している。

かつての山村における所有関係はそのようなものではなかった。片側に所有権があり、片側に入会権があった。だから、たとえば土地の所有者は、その山に産する立木の権利は所有していても、そこから生じてくる山菜、野草、茸、動物などの採取、捕獲は村人の入会権のなかにあった。そして所有する山の立木の変更さえ、しばしば共同体の慣習に制約されていたのである。立木のように商品として利用されるもの、即ち狭義の労働における労働対象には所有権が優先し、広義の労働での労働対象は共同体の慣習が優先する。しかも狭義の労働の対象そのものが、しばしば広義の労働の側から制約されるのが、かつての山村の所有関係であった。自然は所有者の手に独占されてはいないのである。

自然の独占とは単に所有を独占することを意味しているわけではない。所有することをとおして、自然と人間の交通そのものを独占することである。

今日各地でおこっている自然保護運動は、多かれ少なかれ、この問題につきあたっている。たとえば国有林の所有者である林野庁が森林を伐採し植林をすすめるとき、そこにあらわれてくる問題は、自然と人間の交通が木材の生産のなかに独占されていくことである。本来なら森林をめぐる自然と人間の交通はもっと多様性があるはずである。もしそれを広義の労働の視点からみれば、雑木林のなかに生じる様々な動植物も労働対象であるし、それらを観察することや、ときにその景観さえ広義の労働のなかでは労働対象になりうるのである。とすれば自然と人間の交通を単一の価値にもとづいて独占し、それにしか使用できない自然と人間の制度を築き上げること自体が、広義の労働の否定であり、その結果としての自然破壊に他ならない。

土地所有者がそこでの自然と人間の交通を独占すること、いわばそれに対する批判が今日の自然保護運動のなかにはあると言ってもよいだろう。

しかもここには、自然と人間の交通を社会的に開放することだけでは解決のつかない問題が秘められている。というのは自然と人間の交通が商品の生産過程をとおして実現する自然－人間関係が成立している以上、ここでは自然も人間も労働もこの生産過程の手段であり、交通の主体は資本の再生産過程としてあらわれてくる生産過程そのものにあるからである。この生産過程は商品の生産をとおして価値を生産するという単一の原理にしたがって動くのであり、そうであるかぎりここでの自然－人間関係は、単一の原理にもとづく制度へと変容せざるをえない。とすればこのような自然と人間の交通があるかぎり、資本による自然と人間の交通の独占という問題は、必然的に生起してくるのであり、このことを解決せずに自然と人間の交通を社会的に開放することを求めることは、今日の自然－人間関係に生じている根本的な矛盾を解決することにはならないのである。

そしてここからは次のような問題も生じてくる。それは自然－人間関係の制度化、自然と人間の交通が単一の交通へと独占されていくにしたがって、この制度、あるいは交通を管理する必要性が生まれてくることである。たとえば今日の港湾が様々な規制下に置かれているのは、国家の所有地としての港湾を管理しているだけではなく、港湾における自然と人間の交通の管理をも意味しているのではなかったか。河川が様々な規制下に置かれるのも、軍事基地や公園に対する規制も、そこでの自然と人間の交通が特定の目的にしたがっておこなわれるように管理しているといってもよいだろう。

自然と人間の交通が単線化することは、必ずこの単一化した自然と人間の交通を管理する必要性を生みだす。自然と人間の交通の制度化は、その交通を管理するシステムを保有することによって成立する。

そしていまこの視点から資本制生産様式をとらえるなら、資本制生産様式が労働と労働者に対する管理システムを内部にもっている意味も理解される。なぜなら資本制生産様式もまたひとつの自然と人間の交通のシステムであり、価値にもとづく交通がそこでは実現しているからである。とすればここでも単一の自然と人間の交通を管理する必然性は生まれてくる。

もちろん生産－労働過程内部における労働と労働者管理の必然性は、別の角度から分析することも可能である。実際これまでの多くの理論はこの問題を階級関係の視点から分析してきたし、そのような分析が一定の役割を果してきたことも確かであろう。しかしこの問題は自然哲学の視点から分析した方が、私には本質に迫りやすいような気がする。なぜならこの問題を階級関係から直接説こうとすると、それは前近代的な人間管理としばしば混同されてしまうからである。だがこの近代的生産様式内部における労働と労働者管理は、単に労働力の所有者を不当に管理することに目的があるわけではない。商品の生産過程として制度化されている自然と人間の交通を管理すること、そこに本質があり、現実におこなわれている労働と労働者の管理は、その現象形態にすぎない。

あるいは商品の生産過程としての自然と人間の交通が実現すること自体が、この交通の主体としての資本と、他方で主体を剝離された労働という階級関係の形成を必然化させるのであり、この階級関係を管理することが、同時に資本制生産－労働過程としての自然と人間の交通を管理することでもあるのである。

とすれば資本制生産様式は必然的にその内部に労働と労働者管理を生じさせる。ただしその目的がこの自然と人間の交通、資本の再生産過程として実現しているこの交通を守ることにある以上、その中心は労働の質の管理にむかうことになるだろう。なぜなら労働の質が管理される以上、そこで実現されている自然と人間の交通は守られているからである。そしてこの労働の質管理の軸になるのが、生産システムと労働の関係である。ここには二つの面がある。ひとつは生産技術システムと労働の関係、もうひとつは企業内の人間関係、経営システムと労働の関係である。

実際前者は生産技術の体系を客観的につくりだすことによって、それに従属してしか労働が実現しない技術と労働の関係をつくりだすことによって成立している。いわば労働の質が自動的に管理される技術体系をつくりだすことそれ自体が、また管理そのものになっていくのである。(80)

同じことは後者の問題に対してもいえる。商品の生産過程としての自然と人間の交通の過程を、生産-労働過程内部の経営システム、人間関係のシステムとして客観的につくりだすことと、そこに労働を配置することをとおして、労働の質をつねにこの経営システムと人間関係のシステムの内に閉じ込めてしまうこと、それ自体がここでも最大の労働の質の管理になりうるからである。

この両者に共通していることは、資本制生産様式の内部で実現している自然と人間の交通、即ち資本制生産－労働過程をひとつのシステムとして制度化し、そこに本質的な意味で主体を剝離された労働を配置することをとおして労働の質を管理し、そのことによってこの制度化された自然と人間の交通をも管理しようとする発想である。もちろんそれは意識的に形成されたものではなく、自然に形成されてきたものであろう。そして私たちは自然と人間の交通の変容が、このような体系を自動律のように生みだしてしまうことに注目しなければならないのである。なぜならここから自然－人間関係の新しいかたちが現代社会の基礎にあることの意味と、このかたちが再び変革されないかぎり、資本制社会はたとえほころびが生じても自律的に修復されていくだろうことが理解されてくるからである。

ところで資本制生産様式内部の労働と労働者管理には、このことだけによっては理解されず、より階級的な、暴力的な側面が含まれることを提起する人々はいるだろう。私もその存在を否定するものではない。だが次のことを見誤ってはならないのである。それは資本制生産様式としてあらわれている自然と人間の制度化された交通を管理することが、現代における労働と労働者管理の本質であること、そしてその基本はこの制度をとおして自動律のように労働の質を管理することのなかにあるということである。そしてこのような関係がうまく遂行されているかぎり、企業内の管理システムは極めてやわらかな管理システムとして機能する。また、そうであるが故に、この制度化された自然と人間の交通を意識的に否定しようとする者に対しては、非民主的、暴力的な排除の論理が働くのである。

このようにして自然と人間の交通の制度化は、第一に自然の利用の管理、規制として、第二に労働過程として成立する交通の管理として、二重の管理を必然化させていくのである。そして私にはその象徴的なものが、現在の原子力発電であるように思われる。原子力発電もひとつの自然と人間の交通のかたちであることに変わりはないが、ここでの交通は制度そのものであり、その制度をかたちづくっているものが、装置としてあらわれてくる原発技術である。いわば技術システムそのものが自然と人間の単一の交通を保障するようにつくられている。労働の質は技術そのものによって完璧に管理されている。労働は徹底的にマニュアル化され、さらにそのマニュアル化された労働が崩れることのないように、完全な労働者管理が実現している。とともにこの自然と人間の交通は国家の手で管理されている。原子力発電所とその周囲は、最終的にはたとえ間接的であれ国家の管理下に置かれることによってのみ、この自然と人間の交通を実現させるのである。いわば原子力に関する自然と人間の交通は、完全に制度化された交通でなければならず、そのためには厳格な管理体制が国家を媒介にして確立しているのである。

自然―人間関係が物質的に制度化されていく、あるいは物質的な自然と人間の交通が制度化されていく過程では、第一に自然－人間関係のマニュアル化がすすみ、第二にこの制度を守る管理の成立を必然的なものとする変化が進行していく。そしてこのような自然－人間関係のなかに、現代社会をみつけることは容易であろう。

しかし私はまた自然－人間関係の制度化についての半分の側面しか考察していない。現代における自然－人間関係を解くには、もうひとつの側面、即ち自然と人間の精神的な制度化についての検討を加えておかなければならないだろう。そして実際にはこの両者が相互に補完しあうことによって、現代における自然－人間関係は形成されているのである。

二　自然－人間関係の精神的制度化について

私たちはいま名詞的な意味で自然という言葉をつかっている。とともに、その名詞的な概念としての自然に現代的な意味を付与している。

第一章で私は、自然が形容詞、副詞的な言葉から名詞的な言葉へと変化していく過程では、自然を作用として認識する時代から、客観的な認識対象としてとらえる時代への転換があったのではないかと述べた。そしてこの転換を成立させた要因として貨幣経済の成立をみてきた。

実際近代以降の自然概念は、基本的には二つの主体の側からの自然の概念化によってつくられてきたといってもよい。そのひとつは自然と人間の交通を司る商品の生産過程の側から概念規定された自然、それは自然に商品価値の源泉をみいだす、生産の手段としての自然である。そしてもうひとつは近代的自然科学の手によって概念化された自然がある。

ところがこの二つの自然概念は、自然を客観的な認識対象としてとらえる点では、矛盾するところがない。自然科学は客観的な体系としての自然の分析をその目的とし、商品の生産過程は客観的な実在としての自然に価値の源泉をみいだす。どちらも自然を客観的な存在としてとらえている。そこから経済の側からとらえられた自然概念と、自然科学の自然概念の本質的同質性が生まれ、そのことが自然科学と商品経済との協力を可能にしていった。実際、自然科学のとらえた自然の法則は技術化されることによって生産過程の一要素になっていったし、商品経済のもとでの技術開発もまた自然科学の発達に少なからず寄与してきた。こうして近代以降、人間たちは知らず知らずのうちに、商品経済と自然科学によって概念を付与された客観的な体系としての自然という意味で、自然という言葉を使うようになってきた。

だが最近になって人間たちは、自然に新しい概念を付与しはじめたようにみえる。それは経済外的な価値としての自然を再認識しようとする試みであり、自然と共生できる人間の暮しを確立しようとする発想のなかに象徴的にあらわれている。自然は全体としてひとつの生きている体系であり、生きつづける体系として自然をみていこうとする意識がここにはある。

言うまでもなくこの発想の基礎には、自然のもつ有機的な連関性を無視して自然を利用し開発してきた、近代以降の経済史のもたらした矛盾の顕在化という現実がある。ともにここでは、現代物理学の成果と生態系の理論としての二つの自然科学が動員されている。だが私には、この新しい自然概念は近代以降の自然認識にある問題点の半分しか克服していないようにみえる。確かに自然を物質的な対象としてではなく、再生産をとげながら流れゆく生命としてとらえる点においては、この自然概念は近代的な自然認識よりも一歩高いところにある。しかしたとえどのようなものとして考察しようとも、自然をひとつの認識対象として抽象化してしまう点では、この自然概念もまた、近代的自然認識の枠を超えてはいないのである。

第一に経済外的な対象としての自然の価値を重視すること、即ち人間の生活のなかでの自然の価値や、人間の精神的生活の自然の役割を重視することは、商品経済の対象として自然をみた近代的な自然認識との一面での類似性をもっている。なぜならどちらもが、自然を人間にとっての効用の対象にしてしまっているからである。相違は経済的な効用と人間の存在の全体性における効用の違いであるにすぎない。

第二に自然を全体としてひとつの再生産しつつある生命としてとらえ、この生命としての自然と人間の共生を唱える思想も、それは私には近代的な自然観に対するアンチ・テーゼでしかないように思える。確かにこの思想は自然を経済的な利用対象としてしかみてこなかった商品経済社会の負の要素を克服している。しかし全体としての自然と人間が即時的に共生することなど不可能ではなかったか。なぜならこれまで述べてきたように、それが良かろうとも悪かろうとも、人間は労働を自分のものにすることによって、自然から自立した動物として誕生したからである。

もし自然と人間の共生を説くなら、自然と人間が共生しうる労働のあり方を解かなければならないはずである。そして自然と人間が共生しうる労働の質を問題にしはじめたとき、自然は単に認識された対象ではなくなる。というのはこの時から自然は、自然科学の対象とされてきたような客観的な実在としての自然と、労働を媒介にして人間の主体と関係をもつことによって成立している自然との二重化したものであることが理解されるからである。そして自然哲学の対象が後者の自然である以上、私たちは自然の問題を人間の問題として、人間の労働の問題として語らなければならないのであり、認識された自然と人間の共生を説くことではなくなってしまう。

自然と人間の即時的な共生を唱える思想は、いわば近代的な自然の概念に対するアンチ・テーゼであっても、それを揚棄してはいないのである。

私たちはいま制度化された自然と人間の関係のなかにいる。そしてそうなってしまうのは、自然と人間の支配的な交通が狭義の労働によって担われ、その狭義の労働の場も、その理念もひとつの制度でしかないからである。故にこの制度化された交通をとおして、私たちは自然の概念をとらえようとする。

その結果、狭義の労働を媒介とした自然と人間の交通を超えて自然－人間関係をとらえようとするときにも、私たちは近代以降のこの支配的な自然－人間関係の制度に制約されつづけることになる。ここから、第一にこの支配的な交通と同質の地平で経済外的な自然の効用をとらえ、ここに自然と人間の交通を定めようとする発想も生まれてくるし、第二に自然と人間の交通の本質をみることなく自然と人間の共生を説く思想も生まれてくる。その意味では自然のなかに新しい意味をみつけだそうとすること自体が、制度化された自然－人間関係のとらえ方の制約下から抜けだせなくなってしまうのである。

しかし、なぜこのような関係が発生してしまうのであろうか。それは自然と人間の関係にかかわらず、ひとつの関係が制度化されていく過程では、必ず精神的な制度化が、即ち意味の制度化が伴われていくからではないかと私は思う。そしてこのことを自然哲学の枠のなかで考察するなら、私たちは自然と人間の交通としての労働の意味の制度化の問題を第一に問わなければならないのである。

今日の労働を考察するなら、狭義の労働においても広義の労働においても、私たちはそこに意味の制度化が付着していることに気付かざるを得ないであろう。狭義の労働のなかでは、労働者は二、三の単純な意味の類型のなかに包み込まれている。第一にそれは賃金を得るための労働、生活のための労働であり、第二に一部の人々からは〝自己実現のための労働〟という意味が付与されている。実際には狭義の労働といえども労働者にとっては言語化できない意味の側面をもっているが、今日の社会自体は狭義の労働に、第一に唯一の労働という特別な意味を与え、その労働に賃金のための労働であり〝自己実現のための〝労働という単純な意味を付与するのである。

とともに狭義の労働の成立によって労働の位置から滑り落ちた広義の労働の世界は、いまではバラバラに分解され、ひとつひとつに社会的意味が与えられていく。前記したようにある労働は「趣味」という意味を与えられ、またある労働は「ボランティア」という意味をもつようになり、「家族サービス」「遊び」「奉仕」……、いわばかつての広義の労働の世界は、労働という意味を失ったかわりに労働外的な様々な意味を与えられて、社会的な意味の体系のなかに包み込まれてしまったのである。

この意味の体系＝意味の制度化が確立することによって、現実の労働の世界が維持されていることに私たちは容易に気付くことができる。労働の制度化は物質的な労働の世界が制度化されるとともに、精神的な労働の制度化もまた確立されることによって、両者が相互補完的な関係をむすびながら本当の労働の制度化として実現するのである。

本来なら人間の存在は、間断なくつづく労働過程のなかに成立している。もちろんその労働過程は広義の労働過程であり、この広義の労働過程のなかでは生活と労働や遊びと労働の区別は必要ではない。そしてこの広義の労働過程としての自然と人間の交通のなかに自然があらわれ、労働があらわれる以上、自然は特定の対象ではなく、総体としての自然でありつづけるのである。ここでは自然を特定の概念としてとらえる近代的な自然の意味化は不必要であろう。

ところが狭義の労働の発生は、狭義の自然と人間の交通を成立させたのである。それは言うまでもなく商品経済を媒介とした自然と人間の交通であるが、この交通の成立が自然に特定の概念、特定の意味を与えることになった。とともに狭義の労働の発生によって広義の労働の世界が分解し、そのひとつひとつに特定の意味が付与されたように、狭義の自然と人間の交通の成立は、かつての広義の自然と人間の交通の世界を分解し、そのひとつひとつの交通に特定の意味を与えるようになったのである。

遊びの対象としての自然、精神的生活の対象としての自然……、自然は特定の意味に分解し、そのことによって近代的な意味の体系のなかに置かれるようになった。近代以降の自然概念はこのことと無関係には成立しない。

とすれば重要なことは、自然を特定の概念のうちにとらえようとする精神それ自体を問うことなのではなかろうか。そうでなければ近代社会のつくりだした意味、概念の体系は、人間たちにはつねにアプリオリなものとしてあらわれ、そのあたかもアプリオリなものであるかのごとく現われる意味の体系に、私たちは取り込まれつづけることになる。その結果、ちょうど私たちが自発的に趣味は趣味らしく、生活は生活らしく振る舞っていくのと同じように、自然をも自発的に近代的な意味の体系のなかで認識するという不自由から解き放されることはないのである。

そして、そうであるかぎり自然は、人間にとって外的な対象でありつづけ、自然科学のとらえた客観的な体系としての自然概念(そこに人間を含もうとも、含まなかったとしても)が生命力を維持しつづけるのである。ここでは自然は人間の主体と関係することによってしか実現していないという、もうひとつの自然の側面が無視される。

自然哲学にとっての自然とは、破壊の対象でも保護の対象でもないのである。そこには人間との関係のなかで成立している自然があるだけである。とすれば自然の考察は人間の考察であり、自然の問題を人間の問題としてとらえるしかないはずなのである。自然は人間にとって外的な対象ではない。

中世から現代へと向う歴史は、人間の存在の上に君臨する二つの〝神〟をつくりだした。ひとつは貨幣と貨幣の成立によって生まれた商品の生産過程という〝神〟であり、もうひとつはここから派生するように形成された近代的な〝意味〟という〝神〟である。その二つの〝神〟が今日の私たちの上には君臨している。なぜなら貨幣と商品経済は、それを前提とみなす人間の精神と行動を生みだし、近代的な意味の体系はそのもとに人間の精神を取り込んでしまったのだから。

現代における自然と人間の交通は、二重の意味で制度化されているのである。前節で述べたように商品の生産過程を媒介とする自然と人間の交通は、自然と人間の物質的な交通の制度化をつくりだしている。とともにそこから生まれた自然－人間関係がもたらす社会的な意味の体系を媒介にして、自然と人間の交通は精神的な制度化をつくりだしているのである。あるいは物質的な制度化は精神的な制度化に支えられ、精神的な制度化は物質的な制度化に支えられるという、相互補完的な関係がここに生まれ、それが本当の意味で今日の自然と人間の交通の制度化を形成しているといってもよいであろう。

そしてそれを生みだした基本的な因子こそ、労働の制度化であり、労働の制度化をもたらした狭義の労働の成立であり、その基盤となった貨幣経済の成立である。とすると私たちはいま中世後期の時代にはじまった貨幣の浸透という革命のもたらした結果としての、自然と人間の制度化された社会のなかで暮していることになる。

かつて一九六〇年代にフランクフルト学派の人々の理論が浸透して以来、私たちは管理社会という言葉をよく用いるようになった。それはしばしば人間が〝資本〟や〝国家〟の手で管理されていることを表わす言葉として使われ、そして現実に国家による国民の管理や〝資本〟による従業員の管理、学校による学生の管理などがすすんでいく状況を体験するとき、多くの人々がこの言葉を受け容れるようにもなってきた。

といっても管理とは、物質的な制度をとおしておこなわれるばかりではないのである。それに精神的な制度化をとおしての管理が重ね合わせられることによって、その機能は発揮される。おそらく人間たちを近代的な意味の体系のなかに包摂するということが実現できなかったら、管理は決して本来の役割を果すことはできなかったであろう。

実際私たちは〝遊び〟をしているときでも、遊びの制度のなかに繰り込まれながら遊んでいることに気付くことがある。現代社会のなかにはいくつかの遊びの制度があって、それが旅行であっても釣りであっても、その旅行や釣りそのものが社会的な概念のなかに閉じ込められ、社会的な意味の体系のなかに取り込まれていることに気付かざるをえないのである。自然のなかで遊ばなければならないと思う精神、自然と遊ぶとはこうすることだという了解そのものが、社会的な意味の体系のなかに閉じ込められている。だから私たちは、おのずから、趣味は趣味らしく、生活は生活らしく振る舞うように暮している。

狭義の労働過程の制度化がすすんだ社会では、広義の労働過程も社会的に固定化された概念のなかに閉じ込められるのである。

今日の自然の状況はこのことと無関係ではない。前節で私は、自然－人間関係が物質的に制度化されている状況を問題にしたが、それはまた自然－人間関係が精神的に制度化されていることに支えられて実現している。たとえば自然を人間に何らかの効用をもたらす、その意味で価値の源泉とみなす精神的態度が成立していなかったならば、森林を木材の供給地として純化したり、逆にリゾート地としてとらえたり、あるいは川を水の供給地として加工していく行為が、これほどまでに容易に実現することはなかったであろう。あるいは原子力発電にしても、都市の生活と電力と原発の関係をめぐる効用の意識や、原子力発電は市民にとっては不可触の場所であり、それは最終的には国家の管理下に置かれることを承認する精神、制度化された精神が支配的な精神に高められていなかったら、これほど原発が社会のなかに定着することはなかったはずなのである。

ここに私は自然の概念が管理され、制度化されることによって、自然－人間関係が管理され制度化されるという現代の特徴をみいだすのである。そしてその奥に、自然と人間の交通が精神的に制度化されている現代をみつけるのである。

今日の自然と人間の関係は、第一に物質的に制度化され、第二に精神的に制度化されている。その二重の制度化が現代の自然－人間関係を固定化させ、自然と人間の主導的な交通を商品の生産過程として維持させているのではなかろうか。

だがなぜこのような自然－人間関係の制度化は実現されたのであろうか。これまで述べてきたように私はその原因を労働の制度化のなかに、さらにそれを実現させた狭義の労働の成立と貨幣経済の形成のなかにとらえてきた。しかしさらに次のことを問わなければならないだろう。それは狭義の労働の成立、貨幣経済の成立が、なぜに人間の上に君臨し、それを支配する〝制度〟をつくりだしたのかということである。

その理由は次の点にあったのではなかろうか。前章で述べたように、狭義の労働としての商品の生産過程として実現する自然と人間の交通は、自然、人間、労働にとっては主体が剝離された交通として生みだされている。この交通における主体は、商品の生産過程そのものであり、現象的には商品をつくりだす生産システムである。いわばここではじめから人間、労働は主体を剝離され、自然との直接性を剝離された存在としてあらわれる。人間の精神や技能が労働を媒介にして自然と直接結びつくことはなく、労働はつねに人間から超越した商品の生産過程としての〝神〟に指示されることによって成り立つ。あるいはこの〝神〟のつくりだした自然－人間関係に従うことによって、自然も労働もはじめて概念化される。

この自然と人間の交通からの主体剝離、直接性剝離という転倒が、労働過程を労働生産物の創造の場所から、労働の制度化された場所、自然－人間関係の制度化された場所へと変貌させたのである。そしてこの自然と人間の交通形態が社会の支配的な交通形態になっていったとき、かつての広義の労働の世界でも同質の自然－人間関係の転倒が、その結果としての制度化がすすんでいったのではなかろうか。

だがそうなってくると人間たちは、この制度化された自然と人間の交通の枠組みのなかに取り込まれ、自律的にこの制度の内部で行動するようになってくる。あるいは資本制社会自体が自律的な機能として、この制度のなかに人間たちを取り込むことを要請しつづける。なぜなら力による強制抜きに、自動律のように、商品の生産過程の制度が維持され、人間がこの制度のもとに取り込まれていくことのなかに、資本制生産様式の生命力は維持されているからである。その結果資本制社会におけるもっともすぐれた管理の形態は、物質的、精神的に制度化された交通のなかに人間を取り込むことによって、いわば人間の自律的な行動が制度化された交通から自然に逸脱しない、というかたちで実現されるのである。

かつては広義の労働の世界として成立していた今日の生活の領域では、いまでも非商品経済的な論理が多くの場合貫かれている。だがそこでの人間たちの暮しが資本制経済と対立せず、むしろ資本制社会の枠内の領域でありつづけるのは、ここから生じてきている。

考えてみれば、いまの私たちは制度化された自然に取り囲まれるように暮している。公園、街路樹、リゾート、港湾、杉や檜によって植林された森林、水の供給地と化した川、いま私たちを取り囲む自然は秩序正しく制度化されているのである。

だがそれは本来の自然の否定なのではないだろうか。なぜなら制度化を拒否する作用の総体こそが本来の自然であるはずだからである。ともにこの自然の制度化は、人間自身がもっている自然性の否定でもあるのではなかろうか。なぜなら自然の作用と自由に交通する力能のなかに、人間の自然性は形成されているはずなのであるから。

自然が制度化された社会とは、自然と人間の交通が制度化された社会であり、人間自身が制度化された社会である。自然の問題はつねに人間の問題でありつづけるのである。

第四章　現代における自然哲学

一　「自然と自然の交通」、「自然と人間の交通」、「人間と人間の交通」

私たちの暮している世界には、三つの交通が成立している。自然と自然の交通、自然と人間の交通、そして人間と人間の交通である。

自然は二つの交通のなかにその世界を構成している。そのひとつは自然と自然の交通であり、この世界を私たちはいまでは自然科学の方法をもちいて認識している。自然の生物たちは他の生物といかなる関係を結びながら共生しているのか、自然の法則は生物たちの世界といかに結ばれているのか、いわばそれは生物学の世界でもあり、物理学、さらには自然科学一般によって明らかにされてきた世界である。

しかし自然は、決して自然との交通によってのみ成立しているわけではない。もうひとつ、人間と交通することによって自然は自然でありうるのである。あるいは労働を所有することによって自然を対象化し、自然から自立し、しかし自然と関係することによって暮している人間たちと交通することをとおして、もうひとつの自然は形成されている。

全体としての自然は、自然と自然との交通、自然と人間との交通という二重の交通のなかに形成されているのである。そして、自然と自然の交通から生みだされた世界が、ときに自然と人間の交通を助け、ときにそれを制約する。また同時に、自然と人間の交通の質が、自然と自然の交通を制約する。自然と関係をもちながら同時に人間と関係をもつという性格、それは自然の二つの面でありながら、全体としてひとつの自然を形成しているのである。

この存在としての自然のあり方と全く同じように、人間の存在もまた、第一に自然と人間の交通のなかに、第二に人間と人間の交通のなかに成立している。いわばここに、自然と人間は各々が別の存在でありながら、同時にお互いに交通し合うことによって自らを形成するという関係がつくりだされている。自然と人間の交通の質の変容は、第一に自然と自然との交通の世界を、第二に人間と人間の交通の世界を変貌させるのである。

自然の世界の変化と人間の世界の変化が同時に生起するのは、このことに起因しているのではなかろうか。自然と自然の交通、自然と人間の交通、人間と人間の交通という三つの交通が重なり合い、制約し合うなかに自然の世界も人間の世界も形成されている。とすれば一面では、ある歴史段階の自然は、その段階の自然と人間、人間と人間の交通の世界を描き出し、また人間たちの社会もその歴史段階の自然の姿を一面で映し出しているのではなかったか。自然と人間は、お互いを模写し合う。

二　自然哲学の方法

自然哲学は、自然と人間の関係、あるいはそこに成立している交通をとらえるところからはじまる。そして、そうであるが故に自然と自然が交通する世界と、人間と人間が交通する世界を視野に収めなければならないのである。

しかしここで問題にされる自然と自然の交通する世界とは、自然科学的な客観的な法則の世界だけを意味するわけではない。第一にそれは自然と自然が共生する交通の世界であり、第二に、今日では、自然と人間の交通に制約されて、自然と自然の交通が困難におちいっている世界でもあり、生命力を低下させていく自然の世界である。即ちそれは歴史のなかの自然の世界である。

もしこの地球上に人間が存在しなかったなら、自然の世界は自然と自然の交通する世界として純粋に形成されていたであろう。だが現実にはそうはならなかった。自然と自然の交通する世界もまた自然と人間の交通に制約されてしか存在しない。それなのに自然科学の描く自然像は、多くの場合人間が介在しない純粋な自然の法則の世界なのである。そして自然科学が、このような、人間にとって客観的な体系としての自然を自然として描きつづけるならば、自然哲学と自然科学の間には深い断絶が存在しつづける他はないのである。ともに、自然科学の明らかにした自然像を概念化することのなかに学問の場所を求めた自然弁証法をはじめとするこれまでの多くの自然哲学も、自然と人間の自己疎外関係や、人間の自然認識の歴史とその限界を語ってきたこれまでの自然哲学も、現代の自然哲学に要請されている課題に答えることはできない。

自然哲学の前には、相互に関係し合い、制約し合う自然と人間の世界がよこたわっているのである。そして、そうであるが故に、自然哲学は第一に自然と人間の交通をとらえ、第二に人間と人間、自然と自然が交通する世界をとらえなければならない。あるいは自然と自然が交通する世界を衰退させ、自然と人間の交通の質を変えていった人間と人間の交通の歴史を解き明かさなければならないのである。

私の自然哲学は自然論であるとともに人間論であり、今日の状況のもとでは資本制社会論である。そして、そうでなければ、自然哲学は今日の自然が衰退していく原因を明らかにすることも、自然と人間の現在を抽出することもできないであろう。

三 「自然と自然の交通」の阻害

ところで自然哲学をこのような分野の研究として定める過程では、もちろんいくつかの契機があった。何よりも一九六〇年代の高度成長期後半に入る頃から、日本の自然は目にみえて衰退してきていた。それも工業化やビル化、住宅化のすすんだ都市部においてばかりではなく、一般には自然の豊かなところと信じられていた農、山村部の自然も、かつての生命力を失いはじめていたのである。

それが工業化のすすんだ場所だけでおこっていたのなら、私たちは経済の発展が自然を衰退させたと簡単に結論づけることができたであろう。ところが工業化や住宅地化とは無関係であった山村のような地域でも自然の衰退はすすんできている。私たちはこの事実をいかに理解すべきなのか。

私は水面下で進行していたこの間の山村内部の変化を注意深く観察するようになった。そして、山村の内部で、急速な労働の質の変化が進行していたことを知った。広義の労働の分解と狭義の労働の台頭、それは序章で述べた「仕事」から「稼ぎ」への転換と同質のものである。そしてそれを推進させた要因として、山村における貨幣需要の増大があった。

自然が生命力を失っていく過程で、人間の労働の変化が生起している。とすると労働は自然と人間の間でいかなる役割を果しているのであろうか。私は労働を自然－人間関係という視点からとらえなおしてみようと思うようになった。

とともに一九七〇年代に入ってしばらくした頃から、私自身も狭い山の畑を耕作するようになっていた。それは全く趣味的な耕作ではあったが、作物が育っていく過程は面白い。当然うまく育つ年もあれば失敗する年もある。それなら作物がうまく育つとは、どういう条件下においてなのか。

山の畑の作物を育てるものは第一に土壌であり、第二に天候である。土のなかに多くの微生物や小動物が暮している ようなら、半分は成功したも同然である。その微生物や小動物が作物とどのような関係を結んでいるのかは私の目にはみえない。しかし土壌のなかには微生物や小動物たちの暮す共生の世界があり、その共生の世界が各々の個体間の何らかの交通の上に成り立っていることは確かであるように思えた。

自然の世界とは巨大な交通の体系なのではないのか、とすれば作物もこの交通のなかで育ち、山の天候もまたこの生物たちの世界と交通しているのではないのか。

私の場合は時々耕作にでかけるだけの趣味的農民であるから、畑を完璧につくり上げようとしても不可能になってしまう。どうしても土まかせ、天候まかせ、そして自然まかせである。そこに農作業の方法も規定される。その結果私の農作業は、自然のもつ交通の体系が維持され、切断されないようにだけ、あるいはそのためにのみ労働を投下するものになっていった。もちろん農薬は使わないし、化学肥料も使わない。といって有機肥料の大量投与もしない。畑は石の多い山の傾斜地にあるがその石も多くは除かず、いわば石がゴロゴロしている状態のままで少量の有機肥料を投与し、といってさして深耕もせず、その畑がある周囲の山のなかの、もっとも小動物たちが多く暮している土の状態に畑の土を近づけていくのである。それがここの自然条件のもとで生物たちの交通がもっともうまくいく状態であるように思われたからである。

こうして土づくりをしてしまえばあとは基本的に自然まかせ、それが私の農作業の方法である。いわば私は自然と自然が交通する世界に、労働を投下することによって人間が関与することのなかに農の営みは成立すると考えるようになっていたのである。とすればこの労働は、自然と自然が交通する世界に人間が交通すること、即ち自然と人間の交通として成立しているのではないか。

今日一般的におこなわれている農業では、自然と人間の交通が自然と自然の交通を阻害する方向でおこなわれてしまっているのである。少なくとも農薬と化学肥料の大量投与は自然と自然の交通を崩壊させる。そしてそれと全く同じことが、すべての自然―人間関係のなかで生起している。そこから自然の生命力の低下が各地で起ってくる。

だがそのような自然―人間関係が、単なる技術上の問題ではないこともまた確かなのである。背後には商品経済の社会があり、商品をつくることによって賃金を得る暮しがある。

そして商品価値を生みだす労働そのもののなかに、自然と自然の交通を阻害する、自然と人間の交通が成立してしまっているのではないのか。さらには商品経済の社会のなかで育まれてきた人間たちの精神が、自然と自然の交通や自然と人間の交通をみえないものにしてしまっているのではないのか。

自然と人間の交通の質の変容によって阻害されていく自然と自然の交通の背後には、商品経済に培われた人間と人間の交通する社会がある、それが私の山村滞在の小結論でもあり、そしてそのような視点を確立したとき全地球的にすすむ自然の衰退と人間社会の関係が、自然と自然、自然と人間、人間と人間という三つの交通概念のなかにとらえられていくのである。

四 「自然と人間の交通」、「人間と人間の交通」としての労働

自然と人間の交通を労働、あるいは労働過程の概念をとおしてとらえる、本書のなかで私はこのような立場をとっている。だが一応ことわっておけば私は労働を二つの交通としてとらえている。第一はいうまでもなく自然と人間の交通としての労働、しかし労働のなかにはもうひとつの交通が成立している。それは人間と人間の交通としての労働である。

もし人間がたった一人で自然と向き合いながら暮していたなら、その労働は純粋に自然と人間の交通として成立していただろう。だが現実には、自然と人間の交通も、人間と人間の交通に支えられてしか成立することはない。

この人間と人間の交通は三つの部面で形成される。直接的生産過程が成立する前に、私たちは第一の人間と人間の交通を実現している。それは労働対象や労働手段を用意する過程での人間と人間の交通であり、そのことのなかに労働が社会的労働として実現する最初の基礎が形成されている。第二に生産－労働過程の内部もまた、人間と人間の交通の過程としてつくりだされている。そして直接的生産過程の後にも、その労働生産物の流通や消費をとおして第三の人間と人間の交通がつくりだされているのである。

たとえば私がおこなっているような個人的、趣味的な農作業でさえ、農作業に入る前には種子や農具の購入・貸借をとおした人間と人間の交通があり、農作業の過程でも村人との交通が実現している。もちろん収穫後にそれが消費されていく過程でも人間と人間の交通がある。いわば労働過程とその前史、後史には、いくつかの人間と人間の交通が成立しているのである。

実際社会的労働として実現している労働の世界は、それ自体が人間と人間の交通としてつくりだされているのではないだろうか。生産－労働過程のなかでは分業や協業労働をとおして人間と人間の交通が成立し、あるいはその外の人間と人間の交通に支えられることによって、生産－労働過程も存在することができる。

別の角度から述べれば労働は、第一に自然と人間の交通のなかで、第二に人間と人間の交通のなかで、新しい使用価値をつくりだしていく行為なのである。だからその使用価値は物としての労働生産物というかたちをとる必要はない。なぜなら交通という視点からとらえれば、使用価値自体が交通のなかに成立する概念であり、いわば関係のなかの使用価値であるからである。

あるいは次の様に述べることもできる。本来の人間の労働は、自然と人間、人間と人間という二重の交通のなかで新しい使用価値をつくりだしていく行為である。だから現実には、自然と人間の交通という側面を感じさせることのない、その意味で純粋に人間と人間の交通として実現する労働が生まれる。物をつくらない労働の多くがここに含まれる。今日でいえばサービス労働の多くやセールスマンの労働などは、人間と人間の交通としてのみ成立しているといってもよいかもしれない。だがそのような労働を包み込みながら、社会的労働の総体は自然と人間の交通のなかに包み込まれていくのである。サービス労働が展開することに物をつくる労働が支えられているように、人間と人間の交通が自然と人間の交通をも支える。ここには第一に労働は自然と人間の関係のなかにつくられ、しかし第二にその労働は人間と人間の関係に支えられた社会的労働として実現するという、人間的労働の二重の面が表現されているのである。

だが今日の労働のなかにある交通は、本来の労働の属性にしたがって展開されているわけではない。そこに貨幣経済の成立以降の交通の状況をみていくこと、本書の自然哲学はここからはじまる。

五　使用価値にもとづく交通の衰退

本書のなかで私がとらえようとしてきたことは、人間と人間の交通の質が変容するとき、自然と人間の交通もまた変容しているということであった。第一章、第二章で述べてきたように、人間のもつ二重の交通の変容は、まず人間と人間の交通の質が変わるところからはじまった。その契機をつくりだしたのが流通過程への貨幣の浸透、あるいは貨幣経済の成立であった。

このときから恣意的、慣習的におこなわれていた交換が、貨幣にもとづく客観的な交換に変わっていった。そしてそれを緒として生産過程も商品の生産過程へと、即ち貨幣を媒介にした客観的な生産の過程へと変容しはじめた。そこから生産過程内部の人間と人間の交通もここに成立する自然と人間の交通も、使用価値にもとづく交通から商品価値にもとづく交通へと変わっていったのである。物の交換のなかでおこった交通の変化は、商品に関係するすべての交通を変えていった。

私たちは様々な人間と人間の交通のなかで暮している。狭義の労働としての生産－労働過程のなかにある人間と人間の交通、流通過程に実現する交通、あるいは友人関係、地域社会での人間関係、家族関係として意識されているような人間と人間の交通、そのような様々な交通につつまれて暮しているのである。

そしてその交通は、商品価値の生産・流通過程として客観化された場所から手始めに、かつての使用価値にもとづく交通は崩れ去り、その使用価値は商品価値に擬制的に表現されるようになってくる。商品経済社会での人間と人間の交通は、基本的な部分が商品価値にもとづく擬制的な交通として実現するしかない。

生産－労働過程のなかでは使用価値の生産にもとづく人間と人間の交通が稀薄になり、代わって価値の生産過程としてつくられた生産システムの手段に人間の労働力がおとされていく。そしてそこで働いている人間は価値の生産されていく過程に、使用価値が生産されているかのごとく擬制をみる他なくなっていく。商品価値、貨幣価値、そして今日では価値一般が、商品経済を媒介とする交通の世界での〝主体〟の位置を獲得し、人間にとってそれは本質的に主体を剝離された交通、擬制的な交通、その意味で疎外された交通として成立するしかないのである。

なぜなら貨幣にもとづく交通は、それ自体が貨幣価値の生産・流通過程として客観化され、制度化されているからである。基本的には貨幣が貨幣を生みだすシステムとしてつくりだされた生産・流通過程、ここでは実態的にはこのシステム自体が交通の主体であり、本質的には価値が主体であり、擬制的には人間の労働が主体である。労働は擬制としては自然と人間の、人間と人間の交通の主体であっても、実態的には生産システムの、本質的には価値の形成－増殖過程の手段にすぎない。

いわば今日ではこのような疎外された交通が、自然と人間の世界の主導的な交通としての地位を獲得し、それ以外の非商品経済的な交通は脇の交通として存在するようになったのである。

そしてこのような疎外された交通の存在が、自然と自然の交通を阻害するようになってしまった。自然のなかに商品価値の源泉をみいだすことからはじまる交通、あるいは商品価値の源泉の加工だけを目的とした自然と人間の交通が主導的な役割を果すとき、非商品価値的な自然は無価値化され、つき崩されながら、結果的には自然の総合性が崩壊させられたのである。自然と自然が交通する世界は、商品経済の論理によって切り裂かれてしまった。

六　労働過程の質の変容と自然の変容

自然と人間の交通を媒介にして、自然と自然が交通する世界と人間と人間が交通する世界は同時に変容する、そしてそのことが、自然の世界と人間の世界の相互模写的な同時変革をもたらすのである。

ところで自然と人間の交通の変容は、人間にとってはどのような変化となってあらわれてくるのであろうか。それは第一に、自然のなかに人間たちがみいだす価値の変容としてあらわれる。かつて自然との間に非商品経済的な交通が成立していた時代には、前記したように人間たちは自然のなかに使用価値の源泉をみいだしていた。いわば使用価値という純粋に質的なものに価値をみながら、それを生みだす作用の体系として自然をとらえていたのである。だから古代の〝神々〟は、自然の作用の具象化されたものとして登場してくる。

それが自然－人間関係のなかに商品経済が介入し、自然のなかに商品価値の源泉がみいだされる時代になってくると、自然の価値は第一に商品化される価値であり、それ故につきつめれば貨幣化される価値、あるいは貨幣によって量化された価値になってくるのである。ここにおいて自然の価値は質から量に転じてくる。そうしてこの量としての価値を加工し、新しい貨幣量を生みだすことが自然と人間の交通の主導的な要素になってくるのである。

それは自然と人間の間に成立する物質的交通と精神的交通の双方を変革してしまった。物質的交通としては自然のなかにみいだされた商品価値を真の商品に加工していく過程が成立し、精神的交通としては、自然のなかに貨幣量の源泉をみいだしそれを加工して商品=新しい貨幣量をつくる労働の精神的営みの過程が実現するようになっていく。

自然と人間の物質的交通と精神的交通、それは物をつくりだしていく過程では物質的交通があり、意識や精神の非物質的生産の世界では精神的交通があるというような二つの実態があるわけではないのである。自然と人間の交通のなかにこの二つの交通は同時に実現し、人間たちは労働を媒介にして自然と向き合うなかに、物質的交通と精神的交通を分解不可能なかたちで成立させる。あるいはここには、物質的な交通の状態が精神的な交通の質を規定し、精神的交通の状態が物質的交通の質を規定するという、相互的な反映関係が生じている。

自然のなかに使用価値の源泉をみいだしていた時代から商品価値の源泉をみいだす時代

へ、このときから自然と人間の精神的交通のなかでは、自然の対象化のされ方が変わった。とすれば、その対象化された価値を加工していく労働の精神的営みもまた変容せざるを得ないのである。

その変容を表現しているものが、労働の精神的力能の変化ではなかったか。自然のなかに使用価値の源泉をみいだし、それを本来の使用価値に変えていくための、いわば使用価値をつくりだすための労働の精神的力能＝技能が、商品価値を生みだすための技能へと変わっていく。

第二章において私が述べてきたことはこのプロセス、即ち使用価値をつくりだす質的な技能が、商品の価値量をつくりだす技能へと変わっていくプロセス、そして量的概念の規定下に置かれているが故にその技能が技術化されていく過程についてであった。

労働過程における自然と人間の精神的交通の質は、労働の精神的力能のなかに表現され、それは労働の技能、技術として現象化する。そしてその精神的力能は、使用価値をつくる技能から、商品価値をつくる技能へと、さらに商品価値をつくる技術へと、二度の変革をとげてきているのである。

この過程で技術は人間の知恵や手労働との密接性を失い、〝技術〟として、人間からの自立を果してきた。そして、技術がひとつの生産技術システムとして体系化され、この生産技術システム自体が自然と人間の交通の主体としての地位を確立していったのである。本質的には価値の形成－増殖過程が交通の主体になり、実態としては生産技術システムが主体になる。ここにおいて労働は自然と人間の交通の主体としての位置を剝離され、擬制としての主体でしかなくなる。あるいは本質的には生産技術システムの手段におちていくのである。

ここに生まれる労働が私が狭義の労働と呼んでいるものである。故に狭義の労働とは、第一に商品経済の論理の浸蝕を受けた労働であり、第二に貨幣を得るための労働であり、第三に価値の形成と増殖のなかで実現する労働であり、第四に制度化された生産過程に従属する。その意味で主体を剝離された労働である。

ところでこの狭義の労働の発生過程のなかで生じてくる、使用価値をつくる技能の陳腐化と喪失は何をもたらしたのであろうか。

これまで述べてきたように、自然と人間の交通のなかに使用価値をつくりだす技能が息づいていた間は、人間たちは自然のなかに使用価値の源泉をみいだしていた。そしてそれは自然の作用のなかに自然の生命力をとらえることと不可分の関係にあった。いわばこのような精神的交通をとおして、人間たちは自然を作用の体系として、その意味で総合性をもったものとして自然を認識していたのである。

ところが自然のなかに商品価値をみいだすようになれば事情は変わってくる。自然のなかのひとつの側面が商品価値を生む対象としてとらえられ、それを商品化することが技能、技術になってくるからである。そしてこの過程の進行が非商品価値的な自然をみえないものにしていく。

たとえば私がしばしば滞在した山村でも広義の労働が生命力をもっていた間は、村人は自然のもつ様々な作用を価値あるものとして認めていた。そしてその作用のなかで生まれる自然の恵みを生活のなかで活用していく技能を身につけていたのである。それが山の植林がすすみ、山が木材の製造工場のようになるにしたがって様子は変わってきた。山の価値は木材という商品の価値だけであるかのごとき意識が村人のなかに生まれ、ともにかつて様々な自然の恵みを活用していくなかで生かされていた技能が無価値化し、失われていった。

そして技能を失っていったとき、その技能をとおしてつかみとられていた自然の価値も無価値化し、みえないものになっていった。非商品経済的な自然との間に人間たちは精神的な交通をつくりだせなくなっていったのである。ともに自然の様々な価値がみえなくなっていけば、その自然の側面は無視されるか、商品価値を生みだすための犠牲にされるようになる。それはこの面からの自然の荒廃を生みだすのである。

もちろん、といっても村人は意識のなかでは自然のもつ多様性やその力強さ、素晴しさを誰よりもよく知っている。いまでも村人たちの植物や動物の話は、私たちを感動させる。だが自然のもつ様々な価値を活用する技能が失われていくとき、その村人の意識は広義の労働の世界とは無関係になり、いわば観念のなかの自然の映像になっていくのである。そして、それはしだいに、都市に住むナチュラリストの自然認識と同質のものへと近づいていく。

使用価値をつくる技能の喪失、それは使用価値の源泉としての自然との間に精神的交通をとり結ぶことができなくなっていくことでもあり、その結果として自然の認識が狭められていく過程でもある。そして観念のなかの自然と労働のなかの自然が関係性を失っていく過程でもあるのである。

この本のなかで私が広義の労働と呼んだもの、それは使用価値をつくる労働でありながら、同時に商品価値をもつか否かにかかわらず人間が生きていく過程を支える様々な価値をつくりだす労働であった。それはその様々な価値をつくりだす技能と不可分であり、同時に人間たちの暮しや、生きていく過程をつくりだすおおらかな労働の世界として築かれているものであった。

この広義の労働が価値を失い狭義の労働だけが価値をもつようになっていく、いわばこの過程のなかに使用価値をつくる技能が無価値化し失われていく過程と、自然と人間の精神的交通が狭められていく過程は、同時に実現していたのである。とすればこの過程のなかに自然が生命力を失っていく根拠をみいだすことは、さほどむずかしいことではないだろう。

七　自然－人間関係の変化と近代的精神

ところで自然と人間の交通がこのような変化をとげていくとき、人間と人間の交通のなかではどのような現象が生みだされてきていただろうか。

自然と人間、人間と人間の二つの交通のなかに商品経済、貨幣経済の論理が浸入してくる、それはまず手始めに、それまで労働、技能、使用価値というような計測不可能なものに依存することによって成り立っていた労働過程を、客観的、合理的な商品の生産過程＝価値の生産過程に変えた。とともに貨幣経済の定着は労働生産物を商品として、即ち固有の貨幣量によって表現される個体としてとらえる意識を人間たちのなかにつくりだした。もちろん労働生産物のなかに内在している使用価値は、それを使う過程で意味のでてくるものであって、使用価値を貨幣量によって表現することはできない。だが商品経済の社会とは、その使用価値が貨幣量によって表現できるかのごとく擬制を成立させることによって展開する社会なのである。あるいはその擬制が真実として通用する転倒を実現した社会である。

擬制の成立とその擬制が社会を主導するという転倒、商品経済の成立以降の社会はこのことのなかに展開されている。そしてこのことが人間と人間の交通のなかにもつくりだされていく。

第一に労働生産物の交換の部面は、貨幣にもとづく商品の流通が支配するようになる。第二に生産－労働過程のなかでは、生産システムの前に配置された人間と人間の商品生産の必要性から生まれた関係が、それ自体として協業労働の形態であるという擬制が築かれていく。(81)とともに第三に富が貨幣の所有量としてあらわされる擬制が、第四に労働力の価値もまた貨幣の量＝賃金によって表現されるという擬制が生まれていくのである。

もちろん人間の富は二つの面から規定することができる。ひとつは文字どおり貨幣の量に表現された富の集積量という意味、もうひとつは貨幣が貨幣を増殖させるプロセス、即ち価値の自己増殖過程の所有それ自体が富としてとらえられる意味である。前者は商品経済時代の資産所有者を意味しているし、後者は資本制商品経済時代の資本家的立場をあらわしている。

だがそのいずれであろうともこのときから、富は所有の概念として、あるいは私的所有の概念として第一に合理的なもの、客観的なものであり、第二に個体＝個的人間によって所有されるものであるという位置を獲得したのである。

同じことは労働力についてもいえるであろう。労働の成果が貨幣によって表現される社会は、第一に労働は個的な行為であり、第二に労働者は労働力の個的所有者であり、第三に生産−労働過程の制度化がすすむにしたがって労働は客観的であり、合理に貫かれた行為であるという擬制を社会のなかに定着させていくのである。

私には近代的合理主義や個人主義はここから導きだされてきたのではないかという気がする。もちろんかつての共同体の時代にも、人間たちはその時代の合理性に導かれて暮していたのであり、また個人であることを起点にして存在していたのであって、合理的な認識や個人意識が近代になってはじめて生みだされたわけではないだろう。だが私たちが近代的合理主義、近代的個人主義と呼ぶものは、それらとは異なる。それはいわば商品経済の成立を媒介とした合理主義であり、個体概念であり、あるいはそれは商品経済の社会がつくりだした擬制と転倒を前提としてつくりだされた合理主義、個人主義である。

実際今日の社会では、生産や流通の場所では、商品にもとづく合理主義的、個人主義的交通が支配し、他方〝共同体〟的な人間と人間の交通のなかでも、国家や政治を媒介にする個人を基礎にした合理主義的な交通が支配している。それらは意識されているか否かにかかわらず、本質的には人間にとっては主体を剝離された交通としてつくられているが、しかしそのような交通が存続しうるのは、生産や労働の過程や人間の社会はある種の合理性にもとづいてつくりだされたものであるとする認識が人間たちのなかにあり、同時にその合理性の基礎には富や労働力を所有した個体＝個人があるとする非自覚的合意が私たちのなかにあるからではなかろうか。いわば今日の人間と人間の交通は、所有する個体と個体の間の、即ち個人と個人の間の合理的交通としてつくりだされているのである。

そしてこの個人概念を基礎にした合理的交通を支えているものが、第一に現実の貨幣経済、商品経済の社会であり、第二にその社会のなかに定着した科学的思考であり、第三に発展、発達という概念ではないかと私には思われる。

今日の人間たちは自然や生産のプロセス、生起する様々な現象を科学によって理解し、暮しを経済の科学によってとらえるという暗黙の合意に導かれて暮している。だがそれが可能なのは、第一に人間は個的存在であり、その個的存在としての人間の暮しは経済の合理性に規定されているという意識があり、第二に自然や自己の外に生起する様々な現象はこの個的な自己からみれば他者として、同時にそれ自体固有のものとして存在しているという非自覚的意識があるからではなかろうか。

即ち自己も個体であるなら、自己の外に存在するものもまた個的完結性をもつ固有のものであるとみなす意識が形成されていて、それ故に自己が経済の合理性と不可分なように、自己の外の存在も何らかの合理性にもとづいて成立していると考える暗黙の精神がつくりだされている。そしてその自己の外の存在物のもつ合理性を、私たちは第一に商品経済の科学が支配する合理性として、第二に自然科学に支配された合理性として諒解しているのである。

実際貨幣経済が自然と人間の交通のなかに浸透してきたとき、人間は自然を商品価値の源泉を所有する対象として、あるいはそのような質をもつ固有のものとしてとらえる思考を身につけた。そして、そのことが自然を他者的な世界として客観化させ、その客観的世界の合理性を自然科学にもとづいてとらえる思考方法を一般化させた。

経済にもとづく合理性と自然科学にもとづく合理性、それらは歴史のなかでは同一の軌跡のなかで人間たちによって承認されてきたのではなかったか。そしてそれがもっとも象徴的にあらわれてくる場所が、生産－労働過程として形成されている、自然と人間が交通し人間と人間が交通する場所、即ち狭義の労働の世界であろう。ここでおこなわれている自然の加工も人間と人間の関係も、第一に経済の合理性に、第二に自然科学－技術的合理性に導かれて実現していることは説明を必要としない。

いわば今日の自然と人間の交通のなかにも人間と人間の交通のなかにも、経済にもとづく合理性と自然科学にもとづく合理性が介入してきているのである。そして人間の存在がこの二つの交通を媒介として築かれている以上、経済と自然科学のもつ合理性は、人間たちの暗黙の合意としての地位を獲得したのではなかったか。

とともに、このようにつくられてきた自然と人間の交通は、それ自体が、本質的には価値の増殖過程として築かれてきた。商品経済に領導された自然と人間の交通は、それ自身として自己展開をとげはじめる。この過程では、自然はそのなかに商品価値の源泉がみいだされるやいなや、商品生産の対象にされていき、その加工が複雑化するにしたがって生産－労働過程の形態も自己革新をとげていく。いわば価値が価値を生みだす自律的運動に領導されながら、自然と人間の交通は自己革新をとげつづけるなかに展開するようになったのである。そしてここから、自己革新をとげつづけるものを正常なものとみなす精神的態度が生まれてくる。それは〝発達〟という概念に対する非自覚的信頼である。

実際近代以降の社会のなかで、人間たちは普遍性という言葉を場所的、空間的なものとして理解するようになったのではなかろうか。その原因はヨーロッパのつくりだした商品経済とともに生まれたヨーロッパの近代的価値観が、世界の主導原理になっていく過程のなかに近代の普遍性は存在したからであるように私には思われる。どのような場所においても通用する原理を普遍的な原理として、私たちはこれまで諒解してきたのではなかったか。ここではこのような普遍性を場所的普遍性と呼ぶことにする。そして場所的普遍性をもつ原理を探し求めた点では、マルクス主義もまた近代西欧思想のひとつだったのである。だが本来、普遍性にはもうひとつの概念があるのである。時間を超えて普遍的なもの、ここではそれを時間的普遍性と呼ぶことにする。

場所的普遍性と時間的普遍性の視点からとらえれば、近代以降の社会は、第一に場所的普遍性の論理の追求と、第二に時間的普遍性の論理の否定の上に展開された。商品経済自体が、全世界を商品経済社会のなかに巻き込んでいく場所的普遍性をもちながら、時間的には何ら普遍性をもたない、ある意味では自己革新をとげつづけることを正常とする論理のうちに展開されている。

個人的な生活のなかでも、あるいは社会思想や政治理念のなかでも同じことは言える。日本をみればちょうど敗戦後につくられた社会思想や政治理念がわずか四十年ですっかり変質してしまっているように、あるいはこの過程で人間の生活感覚も変貌をとげつづけたように、近代以降の社会では、時間的普遍性を求めること自体が、自己解体されてしまっている。

そしてこのことは、商品経済以前の社会ときわだった対立をみせるのである。なぜならかつての社会を支配していたものは、第一に時間的に変わらないものへの信頼、即ち時間的普遍性への信頼であり、第二に場所的普遍性は存在しないという合意であったからである。この二つの普遍性の関係を否定するものは、決して民衆の信頼を得ることはできなかった。ちょうど時間的普遍性をもった思想として生まれた宗教が、場所的普遍性を求めはじめたとき民衆から遊離し、宗教権力と化していくしかなかったように、商品経済以前の社会においては、時間的普遍性に根ざした暮しをしていた人間たちは、場所的普遍性の論理になじむことはできなかったのである。

しかし近代の社会はこの関係を逆転させた。場所的普遍性の肯定と時間的普遍性の否定、そして後者は〝発達〟概念に対する信頼となって定着した。おそらくこれからつくりだされる近代主義を克服した新しい思想は、再びこの関係を逆転させるもの、即ち時間的普遍性を求め、場所的普遍性を否定するものとしてつくられてくるであろうが、そのことについてはここでは述べない。

商品経済の成立を媒介にして、自然と人間の交通が変容したとき、人間たちの精神や価値観もこのような大転換をとげていったのではなかろうか。人間たちは近代史のなかで定着していく合理主義や個人主義的精神に、あるいは科学主義的、経済主義的、発達主義的精神に、非自覚的諒解を与えるようになっていったのではなかろうか。なぜならこうした精神の世界が、自己の存在の世界をもっともよく表現するものであったからである。

八　資本制社会の新しい認識方法としての自然哲学

自然と人間の交通と人間と人間の交通は同時に変容する。それは自然を商品価値の源泉とみなす交通が単に経済システムによって成り立っているだけではなく、同時にそのことに暗黙の諒解を与える人間たちの価値観や精神に支えられ、そしてそれが人間と人間の交通を支える価値観や精神でもあるところからもきているのである。それが人間と人間の交通の世界の精神としてあらわれてくるとき、それは第一に近代的合理主義の精神として、第二に近代的個人主義の精神として、第三に科学主義、第四に経済主義、第五に発達主義的精神として展開されていく。そしてこれらの精神の基礎の上に現実の人間と人間の交通はつくられ、それ故にいま私たちはそれらを近代人の時代精神として、あるいはひとつの歴史段階の人間たちの精神的態度としてとらえることができるのである。

実際、資本制生産 - 労働過程は個体としての労働力と労働力が、経済と自然科学の合理性にもとづく交通を司るものとしてつくりだされているが、そのような生産と労働の場所だけでなく、私たちは人間の存在を個体概念においてとらえ、経済と科学の合理性によってその一生を認識し、しかもそれを発達しつづける存在としてみる立場を基礎にして、様々な人間と人間の交通をつくりだしている。

そしてそれ故に、近代以降の人間たちの精神が暮しのなかで土着化していくとき、個人主義は上昇を夢みる個人主義として、あるいは他のものを自己の手段とみなすエゴイズムとして、合理主義は功利主義的合理主義として展開されていく可能性をつねに秘めつづける。あるいは人間と人間の交通が、生産と労働の外でもそのようなものとして築かれていく可能性をもちつづけるのである。

そしてそのことが、現実の自然をいっそう衰退させる。なぜなら生産と労働のなかであれ、遊びや趣味のなかであれ近代人にとっての自然は自己の個人主義的欲望を満たすための手段でしかなくなっているからである。ここでは人間と人間の交通の質が、自然と人間の交通の質を規定する。

私は自然と人間の交通の変化によってもたらされた様々な変容の内容を考察していくなら、今日の人間と人間の交通する世界に内在している矛盾の八〇パーセントまでは考察できると思う。あるいは人間と人間の交通の変容のなかに、自然と人間の交通の変化は映し出されているのではなかったか。

そしてこの自然と人間の関係によってつくりだされている世界をとらえようとするもの、

それが自然哲学でなければならないのではなかろうか。とすれば自然哲学は、自然－人間関係の視点からとらえた資本制社会論の構築を要請されているはずなのである。

九　自然の崩壊とは何か

私たちはいま、自然が大規模につくり変えられていく時代のなかで暮している。日本をみても面積の七割に達する山間部に天然林はなくなり、山はあたかもそこが商品としての木材の生産工場だとでもいうように、植林された針葉樹に埋めつくされている。今日では一部で広葉樹の価値がみなおされているとはいうものの、その根拠も広葉樹の木材としての商品価値の高さにすぎない。かつての広葉樹の山と広義の労働との結びつきは、回復のきざしさえない。

縦横に海へと流れゆく昔の川の面影もなくなり、空を舞う熊鷹をみながらカジカの棲む川に釣り竿を降ろすこともなくなった。川はダムと堰堤によって流れを切断され、川岸には護岸工事がほどこされ、蛇行していた川は流路変更によって直進させられている。その川に容赦なく家庭・工場廃水が流れ込み、上流の川は商品としての水を貯める機能だけに、下流の川は下水路としての機能だけに限定されてしまったかのようである。

この過程のなかで動物たちも減少してきた。落葉広葉樹の森を住処としてきた大半の動物たちは、餌を求めて里に出没するようになってきた。自然と自然が交通する世界は危機的状態におちいっている。自然の崩壊とは何か。それは自然と自然の交通が阻害されている状態をさす言葉である。

とすれば自然と人間の共生とは何か。それは自然と人間の交通をとおして、自然と自然の交通、人間と人間の交通がどちらも阻害されることなく再生産される状態をあらわす言葉である。

だが現実には、自然と人間、人間と人間の交通が拡がれば拡がるほどに、自然と自然の交通は損傷を受けてきた。しかもその原因は、森林開発や河川改修といった目にみえるかたちで進行している要因だけではなく、商品経済社会のもとで育まれてきた生産・流通システムや技術、人間たちの価値観や精神などのすべてが、即ち近代史の諸結果の総体が、自然と自然の交通を阻害する要因として築かれているのである。

その結果、自然と人間が共生するための処方箋は私をむなしくさせる。もちろん私はそのような試みや抵抗を否定しているわけではない。それればかりか自然と人間の共生をめざす試みがなければ、自然と自然の交通がますます阻害されていくであろうことは確かなのである。

しかしそのような試みは、自然と人間の交通を疎外された交通にしてしまった貨幣経済成立以降の諸問題を止揚しようとする努力と結びつかないかぎり、決して自然と人間の根源的な共生を実現することはできないと考えるのである。

ところで今日の自然の崩壊という言葉に、私たちは二つの意味をふくませているようにみえる。ひとつは人間の外にある自然の崩壊、即ち自然と自然の交通が再生産できなくなっているという意味であり、もうひとつは人間自身の自然性が失われてきているという意味である。

しかしこの二つは本質的には同じことを意味しているのではなかろうか。前者は自然と人間の交通と、自然と自然の交通の間に対立関係が生じてきたことから発生したものである。そして後者は、自然と人間、人間と人間の交通のなかに、自然と自然が交通する世界をとり込めなくなったことから発生してきた。いわばどちらもが、自然と人間、人間と人間の二つの交通と、自然と自然の交通の間に共生関係が築けなくなったところからつくりだされてきたものである。

人間における自然性の喪失とは何か。それは狭義の労働の場所だけではなく、人間が生きていく過程で発揮される技能や技術、即ち狭義のそして広義の労働のなかで発揮される精神的力能と自然と自然の交通が結びつかなくなることである。あるいは自然と自然が交通する世界のなかに築かれている本質が、労働の精神的力能とは無関係なものになり、自然と自然の交通の疎外態として、人間の存在の自立が確立されることである。とすれば自然と人間の世界につくられている三つの交通が共生できずに相互矛盾関係をつくりだしていること、それが一方では外的な自然の崩壊を生みだし、他で人間の自然性を喪失させるのである。

そしてこのことは、次のような視点からとらえなおすこともできる。人間と人間の交通のなかに貨幣経済、商品経済の論理が浸透し、自然を経済価値の対象として加工する自然と人間の交通が成立したとき、自然と自然の交通は人間の手によって阻害されはじめた。とともにそれは人間のなかに経済価値の論理や合理主義、科学主義、発達主義などの論理を産みおとし、それがさらに自然を経済的・科学的に合理的なものとみなす精神を増幅させた。人間と人間が交通する世界が商品経済の社会に対応するかたちで純化をとげ、そしてそのこと自体が外的自然の衰退をもたらすとともに、人間の自然性を喪失させたのである。ここでも自然の世界と人間の世界は同時に変容する。

だが自然を経済的合理性にもとづいてとらえること自身のなかに、すでに根本的な無理は発生していたと考えるべきであろう。なぜなら自然と自然が交通する世界はもともと人間によってつくられたものではなく、ましてや貨幣経済の発生以降の合理主義にもとづく人間の精神によってつくられたものではさらにないからである。自然と自然の交通は、太古の昔から今日にいたるまで、経済価値や効用、近代的合理主義の論理とは無関係な、自然の作用と作用とが交通する世界のうちにつくられつづけている。

人間たちは貨幣経済の成立以降、この作用の世界を経済価値や効用、合理主義の論理によって一方的に認識し対象化したのである。そしてこの自己の自然像にもとづいて自然と交通し、自然の加工をすすめ、そのようなものとしての自然と人間の交通の制度化をすすめてしまった。

だがかつての人間たちは、そのことが自然の衰退につながることを知らなかった。そして今日の人間たちもまた、それが人間の世界を疎外された交通の世界に変え、人間の自然性の喪失を増幅させつづけていることに、必ずしも気付いているとはいえないのである。

十　自然と人間の相互模写関係

この本のなかで私は自然哲学を自然と人間の関係を研究する学問と定めながら、自然弁証法をはじめとする自然の認識学としての自然哲学という視点を無視してきた。第一章で述べた『ドイツ・イデオロギー』におけるマルクスの〝自然の歴史を人間の歴史としてとらえる〟という断章は、私の自然哲学の方法に大きな示唆を与えている。(82)だがより正確に述べるなら、私は自然科学の対象にされたような自然の認識が自然哲学であるとする立場を拒否してきたのである。

私には自然とは、自然科学の対象にされたような客観的な体系としての自然と、人間との関係をもつことによって成立している自然との二重化したものであるように思われる。なぜなら自然を、自然と自然が交通する世界としてとらえれば、その交通は自然の原理や本質にもとづいて実現している交通と、人間と交通することによって制約され、影響されながら実現している交通との、二重の交通の質を内包しているからである。この二つの質が自然と自然の交通として統一体を形成する世界、それが本書で検討してきた自然の概念である。

そして自然をこのようなものとしてとらえる以上、自然哲学は必然的に自然と人間が交通する世界を考察しなければならず、あるいは自然と人間の交通の変容が、自然と自然の交通、人間と人間の交通をいかに変革し、現在も変えつつあるのかを視野に収めなければならなかったのである。

自然と自然の交通、自然と人間の交通、そして人間と人間の交通という三つの交通が、相互に結びつき制約し合いながら自然と人間の全体世界を構成する、この自然哲学はその姿を明らかにするために書かれている。自然と人間は三つの交通体系のなかに統一的に認識されるのである。あるいはこの三つの交通の質は、相互に制約し合い、影響し合いながら、全体として自然と人間総体のひとつの歴史段階を表現するのである。

もし現代を自然が衰退していく社会としてとらえるなら、私たちはそれを必然化させた人間社会の姿を、そしてそのような社会のなかにある人間たちの矛盾を解かなければならない。物質的な構造としても精神的な構造としてもである。

私には今日の自然が衰退していく様は、使用価値の社会が崩れ去り、広義の労働の社会が後退しながら、貨幣経済の成立以降育まれ、近代になって全面的に展開されていく擬制の上に築かれた人間の存在の世界それ自身を表現しているように思える。自然の世界と人間の世界は同時に衰退する。あるいは自然と自然の交通が、商品価値という擬制の前に阻害されていく社会は、人間と人間の交通もまた商品価値という擬制によってつくり変えられた社会であるように思える。自然はその歴史段階の人間社会の状況を模写し、人間社会はその段階の自然が置かれている状況を模写しているのではなかったか。

十一　自然と人間の解放をめざして

もちろん私も自然と人間が共生できることを願っている。だがそのために解決しなければならないことはあまりにも膨大なのである。おそらく私たちは貨幣経済の成立以降もたらされた諸結果を止揚することなしには、自然と人間を現代の矛盾から解放することはできないであろう。それは単に〃資本主義〃を止揚するにとどまらない。この自然哲学の考察をとおして辿りついた結論のひとつは、貨幣が〃物神性〃を保有するようになってから以降の、生産や流通のシステム、技能、技術や人間の意識や精神のすべてを私たちは止揚しなければならないということにあるのである。

そのとき私は再び労働の世界にたちかえる。広義の労働の世界が解体されて、労働が商品価値を生みだす行為だけに限定されていったこの何百年かの歴史の歯車を逆転させることは不可能なのだろうか。かつて人間たちは、人間が生きていく過程を支える様々な使用価値をつくりだす行為を、平等に労働として認めながら暮していた。少なくともアジア的世界ではそのようなものとして労働は認められ、労働を低位の行為とみなしたヨーロッパ世界でも、当の職人や農民や労働者たちはアジア的労働観と共通する労働認識をもっていた。この労働観にもとづく労働の世界を現代という場所のなかで回復する、それは商品価値の生産を超えた労働が、自然と人間の交通と人間と人間の交通を導いていけるような新しい歴史を切り拓いていくことであろう。

自然と人間の世界には、自然と自然、自然と人間、人間と人間の三つの交通が存在している。そしてこの三つの交通が相互に関係をもち合いながらも阻害されることなく再生産されているとき、自然と人間は共生している。自然と自然の交通が阻害されている社会は、自然と人間、人間と人間の交通が擬制を媒介にして展開されている社会でしかない。自然の世界と人間の世界は、自然と人間の交通を媒介としながら、つねにひとつの矛盾を二つの形態によって表現するのである。とすれば私たちは、自然の自由の問題は人間の自由の問題であるという基本にたちかえるしかない。その基礎にある労働の過去、現在、未来を視野に収めながらである。

終章　私のなかの自然の映像

一

冬の間沢を閉じていた氷が割れて、山奥の沢に水音が聴こえはじめる。山の春のプレリュードである。山葵の葉が明るさをまし、ウグイスが山を降りはじめる。水音は次第に大きくなって、ついには海へと向う長い旅路を開始する。

いつの頃からか私は、自然とは流れだという感覚をいだくようになった。ちょうど流れゆく水とともに川の自然が形成されるように、あるいは四季の流れのなかに山の自然がつくりだされているように、そして風の流れのなかに自然の息遣いが聴こえるようにである。それは川釣りに時間を費やしてきた者の感覚かもしれないし、子供の頃の記憶のなかの私の自然の映像がつくりだしたものかもしれない。

二

私が暮していた一九五〇年代の東京、世田谷は、まだ昔の世田谷村の面影が各地に残る武蔵野の台地だった。果てしなくつづくゆるやかな丘陵が広がり、その先には丹沢山塊がみえている。冬には麦畑一面に霜柱が立ち、農民が白い息をはきながら麦踏みをしている。その農民の家のまわりには屋敷林があって、そこの木だけが葉を繁らしている。葉を落した雑木林の針金のようになった枝の間から、冬の青空が鮮やかにみえている。

その丘陵の裾から無数の湧水がわきだしていた。池の底からフツフツとわきあがる水はたちまち小川をつくり、窪を流れながら、次第に合流して一本の川になっていった。そしてこの大地の上の自由な流れのなかに、様々な武蔵野の自然がつくりだされていた。

沼地にはセリや水辺の植物がはえ、ゲンゴロウやミズスマシが水面に顔を出して波紋を描く。淡水クラゲが小さな体をふわふわと浮かせている。小川ではヤマベ(オイカワ)やクチボソが泳ぎ、土のなかにはアメリカから来たザリガニが巣をつくっていた。夏になると源氏ボタルが舞った。

その小河川の近くにだけは、わずかに水田がつくられていた。関東ローム層に覆われた武蔵野の台地は水の便が悪く一面に畑作地帯で、春には麦が、夏にはサツマイモが、秋には陸稲の穂が風にゆれていた。麦畑にヒバリが舞い上り、丘にはクヌギやナラ、ケヤキの雑木林が残っていて、そこはクワガタやカブトムシの住処になっていた。

大地の隙間からわきだした清水が海へと流れゆくように、丘の上の雑木林からその下に広がる畑へと、そして水田と水辺の動植物の世界へと流れ下ってゆく自然の映像がここにはあった。

そしてこの流れゆく自然を人里へと押し拡げていったのは人間たちだった。畑を耕す農民たち、水辺で遊ぶ子供たち、丘を越えてくる道を歩く行商人たち、誰もがこの武蔵野の自然のなかで精一杯働き、精一杯暮していた。自然の世界のなかには、いつでもその自然のなかで働いている人々の姿があった。そうして、いつしか流れゆく自然の世界と、それを人里にしていく人間たちの情景が重なり合うなかに、私の記憶のなかの自然の映像は結ばれるようになっていった。

三

しかし、そんな武蔵野台地は長くはつづかなかった。私が小学校に上った一九五〇年代後半になると、そのすべての世界が地上から消えていった。無数にあった小川は自治体の手でゴミの投棄場所に変わり、その上に土がかぶせられて道路へと変わっていった。沼も水田も埋めたてられ、畑も雑木林も住宅地に変わっていった。かろうじて残された畑や林も耕作されずに放置され、荒れるにまかされた場所がめだってくる。ヒバリを追いかけた麦畑も、ふいに野兎に驚かされた草原も、群れ泳ぐ魚たちをみていた土手の木陰も、すべてが過去のものになった。

自然の喪失、それはいまから思うと、人間たちの労働の価値が低下して、働くことより土地を少し切り売りした方がよほど安楽に暮せる時代の到来と符合していた。武蔵野の台地に支えられながら働いていた人々の姿が、時代遅れの虚しい姿とみなされるようになってくる。代わって背広姿のサラリーマンたちの姿が、この辺りを象徴するようになってきた。新しい家と新しい居住者、そして都市のサラリーマンたち。

武蔵野の台地の高度成長期がはじまっていたのである。自然の流れはあらゆるところで断ちきられていた。川の喪失、それ以上に台地と窪と、雑木林と畑と水田と、その上で働き遊ぶ大人たちや子供たち、そしてこの台地に暮していた動物や鳥や虫たち、そのすべてによってつくりだされていた流れゆく自然の世界が地上から消えた。

そして、それを合図にするように、私たちをとりまく社会はひとつの価値観のもとに収斂されていった。位階制の社会のなかでの上昇を夢みる個人主義、歴史の「発達」に無条件の信頼を寄せる発達主義、科学による裏付けを得られないものを無意味なことと考える科学主義、そして功利主義に裏付けられた合理主義、それらのものが一本の束となって、このサラリーマンたちの住宅地を支配しはじめた。そして、もはやこの雰囲気の前では、流れゆく自然を人里へと押し拡げていった人間たちの土着的な営みは消え去るしかなかった。

大根やサツマイモを手渡してくれた農民たちの笑い顔がみえなくなっていく。農民の労働だけではない、肉体をつかうすべての労働が消し去られなければならなかった。戦後の日本的な近代主義がすべての領域を浸蝕しはじめたのである。ゴミや土砂と一緒に土中の骨と化していったであろうゲンゴロウやミズスマシたち、それと同じことが大地の上の人間たちの世界でも繰りひろげられ、太古からの自然と人間の世界は、ここでは終りをつげた。

そしてそのことが次第に私のなかに〝資本主義〟に対する反感を醸成していくことになる。自然の喪失と同時に進行する労働の情景の喪失、そしてその無価値化と台頭してくる戦後の日本的近代主義、それらのものがひとつの映像になって結ばれはじめた。その映像の奥に私は覚えたての〝資本主義〟という言葉をかすませた。

しかしそれは私にとっては鬱陶しいことでもあった。なぜならその私自身が昔からの世田谷の住人ではなく、新しい住宅地の子供なのである。

いつしか私にとって自然の問題は、自然と人間によってつくりだされていた空間を崩壊させていった近代主義と、しかしこの台地にそれをもたらしていった新住居の子供である私自身の不条理に対するたゆまざる闘争のなかに位置づけられるようになってきた。

だから私は、今日誰もが自然の重要性を否定しなくなってきていても、どこかでその言葉を信用していない。流れゆく自然と人間たちの映像をかつて功利主義的合理主義にもとづいて否定していった者たち、その人たちがいままた同じ功利主義的合理主義にもとづいて自然の重要性を唱えているのではないかという思いが気持のなかにあるからである。

四

武蔵野の小川が消えていってしばらくした頃から、私は釣り竿を手にするようになっていた。私の重要な釣り場は多摩川の中流域で、そこまで行くとまだ澄んだ水が流れ、風が季節の香を運んでいた。私は何となく安堵した。

夕方には小舟の上から網を打つ川漁師の姿があった。投網が投げ入れられ、引き上げられる。小舟のなかに鯉や鮒やハヤ(ウグイ)、鮎の姿が跳る。舟には子供の姿もあって、網に入った魚をイケスに移すのはその子の役目だった。川漁師の父親とその仕事を手伝う子供の姿が、夕闇の川面に黒いシルエットをつくっていた。

多摩川まで来れば、私はまだ農民たちの姿をみることができた。水田が残り、カエルたちがたわむれていた。そして一面に梨の花が咲いていた。自然の風景がそのまま労働の情景になって、私は釣りをして野草を摘み、一日中川風のなかにいた。

その川風の下には、戦後のイタリア映画を想い出させるような労働者たちの休暇があった。ハイキングのついでに釣りをしている者たち、弁当を広げている家族連れの行楽客、仕事の帰りに釣りをしている人、そして多摩川の常連たち、いまのように釣り用ウエアなどない一九六〇年前後のことである。誰もが思い思いの服を着て、やっと戦後の困窮から脱出しはじめた庶民の顔がそこにはあった。

川に向かう道の両側には何軒もの釣り具屋があって、店のなかには竹竿が何百本も立てられていた。子供用の三本継ぎの一間半竿(二・七メートル竿)なら五十円ぐらいで手に入った。いまでも私はその頃五百円で買った鮒竿をもっている。売ってもらうのが大変だった。頑固そうな店の主人は、子供にそんな竿はいらんと言って、なかなか売ってくれなかった。居合わせた客たちと、奥からでてきたカッポウ着をきた彼の奥さんの応援を得て、私はやっと代金を払うことができた。決して名竿ではないが、しっかりつくられていて当時の名もない竿職人たちの仕事が伝わってくる。

あの頃の釣りは、川の近くの釣り具屋に行って餌を買うことからはじまった。一袋十円のサシや赤虫、ミミズを買いながら、店の人に川の水具合やポイントを教えてもらう。釣り具屋の主人もまた川とともに生きる職人だったのである。そうして河原にとびだしていくと、そこでは労働者たちの休暇がくりひろげられていた。

しかし一九六〇年代の中期になると、この自然と労働の情景も消えていった。釣っても口にすることのできない魚たち、川からは悪臭さえ立ち昇るようになってきていた。川漁師も竿職人たちも姿を消した。竹竿から工場でつくられたグラス竿への転換がはじまっていた。河原を占領していた労働者たちの休暇は、サラリーマンのレクリエーションへと変わり、何かが変わった。

私はしばらく海釣りや上流域での釣りを試みた後、釣りをやめた。

五

自然の映像は同時に人間たちの情景だ。少なくとも私の記憶のなかの自然はいつでもそうだった。

一九六〇年代の終りになって公害や自然破壊が問題になりはじめたとき、だから私自身は傍観者であった。第一に自然だけが破壊されているとはどうしても思えなかった。私が返してもらいたかったものはかつての自然の風景であるとともに、人間の、そして労働と暮しの情景だったのである。自然の崩壊とともにこの世界のすべてが変わったのではなかったか。そして第二に、そんな私の思いが時代錯誤の懐古趣味にしかならない戦後的近代社会を私は問題にしていた。

もちろん私もまた昔に戻せと言っていたのではない。流れゆく自然とともにあったかつての労働の世界のなかには、いまとは違う労働の価値があったと言っているのである。そして高度成長とともにすすんだ自然の変貌のなかで、労働もまた虚しいものになっていったと言っているのである。過去の形態ではない、私が取り戻したかったのは自然の価値と労働の価値である。

そしてそうである以上、私たちは〝資本主義〟を、そうして戦後の日本的近代主義とそれを支えている自己の存在を問いただすしかないはずなのである。自分も自然破壊の加害者だと言っているのではない。私たち自身のなかにも浸み込んでいる近代主義的価値観、それとのたゆまざる闘争のなかからしか、自然とともに何が失われたのかはみえてこないのではなかったか。

ところで私自身はちょうど二十歳になった一九七〇年に入った頃、五年間の中断を経て、再び釣りを再開することになる。しかしそこはかつてハヤ(ウグイ)やヤマベ(オイカワ)を釣った中流域の川でも、ハゼ釣りをした川口でも、カレイやキスを釣った海でもなかった。

その年の夏、私は偶然、群馬県の山奥の村、あるいは利根川の支流、神流《かんな》川の最源流の村、上野村を訪れた。険しい山に挟まれたV字谷の底に集落が点在する村、その日は雨が降っていて新緑の山も岩山も、家も畑もすべてが糸のように降りてくる雨のなかにあった。私は眼の前に展開する景色の美しさに驚いていた。そして谷の底を流れる神流川の美しさに立ちすくんだ。

私はもう一度、自然の風景と労働の情景、村人の暮しの情景が重なり合う空間をみつけだした。私は竿を手にした。

本書の自然哲学はここからはじまっている。

はじめて訪れた頃の上野村はみごとな寒村だった。舗装道路は一本もなく、開通して間もない信州へと抜ける峠道は、スコップを持っていなければクルマで通れるものではなかった。水田は一枚もなく、段々畑にしてもなお傾斜する山の畑には、桑や蒟蒻が植えられていた。家の屋根は栗板で葺かれ、その上に石が置かれている。ガラスの入っていない障子窓の家が点在している。そして後に私はこの村が貧しき寒村ではなく、素晴しき寒村であることを知るようになる。

神流川源流の美しさもまたみごとなものだった。谷は栃やカシ、ウルシやクルミの木に覆われ、その枝の下を川が幻想的に流れていく。岩の間から水が落ち、沢の水が滝をつくって集まってくる。岩に囲まれた淵の奥は青さを帯び、その下から主のような山女や岩魚がゆらゆらと姿をみせる。夕方には何百匹もの山女や岩魚が群れ集い、カワガラスが水面をかすめる。ヤマセミが岩魚を追う。

谷の上を熊鷹が舞っていた。ヤマカガシが石の上で昼寝をしていて、マムシがいやな目つきで私を威嚇していた。倒木の上をリスが跳び、テンが木を登っていった。タヌキもキツネも、猿もオコジョも、野兎も鹿も熊も猪も、キジもヤマドリも、すべてがこの神流川の谷を歩き、飛んでいた。それはかつて私が出会ったことのない自然の映像だった。

そしてこの山里では、山や川とともに暮す人々の知恵や労働が息づいていた。春には春の労働があり、秋には秋の労働があった。山の仕事、畑の仕事、川の仕事、家の仕事、村の仕事、それらが自然と重なり合いながら山里の世界がつくりだされていく。

この村を訪れて二、三年経った頃から、私はわずかな畑を借りて耕作するようになっていた。村人は私に畑仕事がどれほど素晴しく面白いものであるかを話し、おだてあげてから私のための畑を用意した。そうして、いつ私が挫折して畑を放棄するかを予想しては楽しんでいた。私も仕方なく意地を張った。その畑では今年も様々な作物が育っている。

春、凍っていた土が融けるのを待って、私は畑を耕しはじめる。畑の下には浜平《はまだいら》の集落と神流川がみえ、前に上野村の重鎮諏訪山がそびえている。山にはフキノトウやノビル、ヤブカンゾウの芽がでている。それらが早春の食卓に彩を与える。梅の香りが漂い、岩の間から早咲きのサクラツツジが咲いている。ウグイスが鳴き、シジュウガラやジョウビタキ、ホオジロが乱舞している。

畑を耕す私の姿をみつけて、カケスが視察にやってくる。品のない声でホーホケキョときたら大抵カケスのいたずらだ。私は何度もだまされた。

六

私がはじめて「自然哲学」という言葉を知ったのは、まだ多摩川での釣りに通っていた一九六〇年代の前半に、ソ連で編集された『哲学教程』の訳書を読んでいたときのことである。いまにして思えばはじめにこの本を読んだのは正しい選択だったとはいえない。その頃の私は自分の気持のなかにある〝資本主義〟への反感を説明してくれる本を探して本屋に通っていた。

自然は人間に先行してつくられたこと、自然の歴史は弁証法的な発達の歴史であったこと、この二つをこの本から「自然哲学」として、ともかくも私は知識として知った。しかしこのエンゲルス的な自然哲学は、私には単に知識がひとつふえたという以上の意味をなさなかった。なぜなら自然の情景が喪失していくなかで育ち、しかもそれが人間たちの情景の変容でもあった場所で育った私の自然と人間に関する感傷を、その「自然哲学」は少しでも説明してくれるものではなかったからである。そしてそうである以上、自然哲学は私にとっては親しみのない学問であった。それがしばしば上野村に滞在し、釣りをし畑を耕し、動物や鳥や虫たちのなかを歩いて村人とお茶を飲むうちに、私は自然哲学という言葉を思いだしていた。しかしそれはかつてのエンゲルス流の自然哲学＝自然弁証法ではなかった。

神流川源流のこの村では、日々の暮しの過程そのものがすべて労働の過程であった。ここでおこなわれる労働は、商品経済下の賃労働とは根本的に異なっていた。あたかも人間の生きていく過程そのものが労働の積み重ねだとでもいうような自由奔放な労働の世界がここにはあった。本書のなかではそれは、広義の労働と狭義の労働の対比として、あるいは村人の「仕事」と「稼ぎ」の使い分けをとおして書きだされている。

上野村にかぎらず日本の山村は、現金収入の量は都市と較べればはるかにすくない。しかしそのことが直接に山村の暮しの貧しさを意味しているわけではない。なぜなら山村では、そこでおこなわれる労働、あるいは使用価値をつくる労働のほんの一部を「稼ぎ」になる労働、狭義の労働は担っているにすぎないからである。

何よりも山村には山があり、川があり、畑があり、あふれるばかりの自然がある。いわば村人は家や畑をもち、様々なものを生みだしてくれる山に囲まれて暮しているのである。一般的な表現をとればここでは半自給自足的な暮しが実現している。だが私はこの表現を好まない。なぜなら半自給自足という言葉には生活を物の供給をとおしてみるニュアンスが色濃いからである。

この発想はどこかが転倒しているのではないか。そうではなく人間は労働をとおして使用価値をつくりだしながら暮しているのである。そして必要なものをすべて自分たちの手でつくることができないとき、第一に交換をとおして、第二に貨幣を媒介にして、人間たちは自分の手で成しとげられない労働を手に入れるのではないのか。そこに商品経済と貨幣を得るための労働＝狭義の労働が生まれる。

すなわち物の供給の面から暮しをみるのではなく、労働の側面から人間の存在をみるとき、山村は半自給自足という前近代的生活形態の残る社会としてではなく、労働と生活が直接的に結ばれている社会として、あるいは狭義の労働から得た貨幣によって、他人の労働の成果を買う必要性の小さな社会としてとらえられるのである。都市のような社会では、生活上必要なものを家族の直接労働によって生みだす基盤が脆いから、その必要な労働を結果的には賃金によって代替させるなかにしか生活は成り立たないが、山村はその比重が低い。

いわば山村の人々は生活のなかで必要な多くのものを労働によって直接つくりだし、山村を囲む自然はその基盤を保証しているのである。そして、そうである以上、山村の人々の労働は多様な労働として実現していくことになる。本論のなかで述べたように、村人の「仕事」の世界は、私たちの労働概念を混乱させるほどに広かったのである。

その働きぶりや暮しをみていくうちに、私の記憶の底にあった子供の頃の武蔵野台地の映像が甦ってきた。あの台地の上で、農民たちが日焼け顔にしわを刻みながらおこなっていた労働、それもまた広義の労働だったのではなかったか。とすると武蔵野の自然が失われていくなかで消えていった人間たちの情景とは、広義の労働とともにあった人間たちの姿だということになる。そして、その後世田谷の住宅地では、狭義の労働を基礎とする人間たちの生活の映像ができあがっていった。それが武蔵野の自然を街路樹に変えた。

上野村での滞在が私に教えたもの、それは第一に広義の労働と狭義の労働の質的相違であり、第二に広義の労働と結びつきながら成立している自然の世界の美しさであった。本書のなかで自然の作用のなかに使用価値の源泉をみいだし、それを労働によって本物の使用価値に変えていく人間の行為と表現している世界、私はこの世界のなかに自然と人間の共生する世界をみていた。

実際村人が広義の労働を主とし、狭義の労働を従として暮している間は、山村の自然はみごとに守られていた。なぜなら山は薪も山菜も茸も動物も生みだす山でなければ、川は山女や岩魚も暮す川でなければ、広義の労働の基盤そのものがこわれてしまうからである。あるいは自然を様々な作用の総体としてとらえているかぎり、自然の作用は切断されてはならないものだったからである。自然のもつ自律的な作用と共生しながら暮すこと、言葉を変えれば広義の労働を主として暮すとはそのようなことである。ここでは人間の労働が自然への対抗概念ではなくなっている。とすれば自然と人間は一定の調和を保ちつづけることになる。

七

一九七〇年代後半に入った頃だろうか、私は村の何かが変わったと思いはじめた。第一に山女や岩魚たちがはっきり減少しはじめた。いくらでもいたカジカが幻の魚になった。岩山の上を舞っていた熊鷹が姿を消した。夜鷹の群れに出会うこともマムシに威嚇されることもなくなった。

そうして気が付くと川の渓相が大きく変わってきていた。滝をつくり淵をつくり瀬をつくりながら幻想的な流れをつくりだしていた神流川は、太陽の下をサラサラ流れるばかりのどこにでもある川に変わっていた。川は大変貌をとげていたのである。その理由は明らかだった。源流の川におおいかぶさっていた雑木が切り倒され、川にそってつくられた林道からは川にむかって土砂が流れ落ちている。沢につくられた堰堤が、沢を土砂で埋めてしまっていた。川は土砂で埋まり、サラサラと水が流れるばかりの太陽の下の明るい谷にと変わってしまっていたのである。

山の木が次々と伐採されていく。道路の改修工事がすすみ、川がコンクリートで護岸されていく。一九五〇年代後半に武蔵野台地で起きた事件が、いまこの山村で起っているのである。だがそのことによって村人の生活がいっそう豊かになったとは思われなかった。むしろ村では村人の生活が土木従属型になってきたという新しい一面がクローズアップされてきた。

かつて一九六〇年頃までは、この村では炭焼を中心にした経済が支配していた。それが六〇年を前後するエネルギー革命のなかで崩壊し、代わって生糸、蒟蒻、椎茸の栽培が村経済の中心になった。それらは村人にとっては「仕事」であり同時に「稼ぎ」であるような、あるいは「稼ぎ」の役割をも果す「仕事」であった。村人はこの「仕事」をとおして現金収入の道を獲得し、そうして様々な「稼ぎ」にならない無償の「仕事」と重ね合わせることによって生活を確立してきたのである。とすると村人は広義の労働のなかで暮し、商品経済にまき込まれざるを得ない部分を「稼ぎ」の役割をも果す労働によって満たしていたことになる。

ところが一九七〇年代後半に入るとこの関係があやうくなってきた。土木工事に出ることによって得た日当が村経済の大きな部分を担うようになってくる。村の行政も、どれだけ公共事業をとってこれるかでその評価が決まるようになってきた。

土木工事、それは村人にとっては「仕事」としての性格を全くもたない「稼ぎ」であり、純粋な狭義の労働である。だがいつの間にか村には現金収入になる労働、狭義の労働が主であり、昔からの広義の労働は従にすぎないという雰囲気がつくりだされていた。二つの労働の位置関係が逆転し、いわば山村の社会のなかにも都市型の労働と生活の関係が定着してきたのである。高い現金収入を与えるものが山村でも価値ある労働になってきた。

そしてそのような意識と構造の変化が、村の自然を変貌させる。かつて広義の労働のなかで利用されていた間は、村人は雑木の山を大事にしていた。なぜなら落葉広葉樹の山こそ、村人に薪や山菜や茸や、いわば自然の恵みを与える山であったからである。村人は無償の「仕事」のなかで山道を直し、沢を渡る丸太橋を直し、山の自然の再生産が切断されることのないように守ってきた。川もまたそうである。川の両岸近くの谷の雑木林を守ること、それは土砂から川を守る方法でもあり、その雑木林自体が村人に栃やクルミの実を与える場所でもあった。そうして川が保全されつづけるかぎり、川は動物や魚たちの住処でもあった。

だが広義の労働をつまらない労働とみなす心情が高まってくれば事情は異なってくる。商品価値を生まない山や川は無価値である。山や川のあること自体が暮しの質の象徴から不便の象徴になってくる。村は経済合理性によって支配されるようになる。

広義の労働の世界を支えていた雑木は切り倒され、ある物は丸太材として、またある物はチップ材として売り払われる。山は伐採と植林がすすみ、杉、檜の単一樹種によって埋めつくされていく。その経済効率を高めるために林道が開削され土砂が谷に捨てられ、川では堰堤工事や護岸工事が理由もなくすすめられていく。その様々な工事が村人に「稼ぎ」の場を与え、村人は広義の労働の基盤の喪失とひき換えに、現金収入の場所を獲得していくのである。

土木工事に主導された村経済、そして狭義の労働に主導された暮し、明らかにそのことが山里の自然を破壊していったのである。そして流れゆく自然と結びつきながら営まれていた村人の暮しが少しずつみえなくなっていく。

それは山里の自然の景色だけでなく村の家並の景色も変えた。かつての栗板で葺かれ、その上に石を置いた家も障子窓の家もみられなくなり、トタン板やアルミサッシが新しい輝きをみせるようになる。以前は村人は暇なときに山の栗の木を薪ぐらいの長さで切って山から降ろし、鉈で割って納屋に保管していた。屋根の補修用板である。栗の丸太を立てて上から鉈を振ると、栗は一センチぐらいの厚さで簡単に割れて平板になる。栗板の屋根は夏涼しく冬暖かい。

栗板の屋根もまた広義の労働のなかで守られてきたのである。しかし経済合理性が浸透してくれば、そんなことにエネルギーを使うより土木工事に出てその日当でトタン屋根にした方が容易なのである。こうしてこれまで村人が生活の知恵として蓄積した様々な方法、冬の野菜の貯蔵法から贈与にもとづく相互の助け合いまでが消えていき、それらのことが村の家並の景色までを変貌させてしまった。

村における労働の世界の変容が、自然の風景と村の風景、人間の情景を変革している。ときどき私のなかに村を去ろうかという思いがよぎるようになった。

八

私の耕作している畑と林の境界に二つ三つ墓石が置かれている。昨春、畑に鍬を入れている私の姿を、一匹の野猿が墓石に座ってみていた。かつて人里離れた山奥の沢で暮していたこの村の猿たちも、奥地の山の木の伐採がすすむにしたがって、食料を求めて山から降りてきていた。追いつめられていく自然、墓石に座って自分たちの住処を奪った人間たちを猿がみている。

自然と人間は同時に変容する、その奥にあるものが人間の労働の世界の変貌だ、それが本書の一貫したテーマである。人間が自然なしには生きられないように、自然もまた人間と関係をとり結びながら成立している。労働を自然と人間の交通のなかにとらえ、その交通の質が変わりゆくなかに自然の世界と人間の世界の変貌をみる、それはかつて自然弁証法に親しみを感じることのできなかった私の自然哲学の方法であり、同時に私のなかにある自然の映像の解析である。

そして本書のなかでは、かつて自然の映像と人間の情景が喪失していくなかに〝資本主義〟への反感を覚えていた私の少年期の記憶が再現されている。使用価値をつくる労働のなかにあった自然と人間の交通はいつ変容したのか、そのことを遡るように考察していくうちに私は再び〝資本主義〟の壁につき当っていた。

いや厳密に述べればそうではない。私がつき当っていたものは商品経済そのものであり、それを生みだした貨幣だったのである。そして貨幣が一般的な流通手段として成立してから以降の労働の変容と人間の意識、社会の、さらにはそれらとの交通の上に成立している自然の変容を私は問題にしていたのである。いわば私は自然を衰退していくしかないものにしてしまった人間の築き上げた世界をみる視点から今日の自然の衰退をとらえようとした。だからそれは現在も衰退しつづける自然の問題に対する私の意見表明でもある。

しかしそれはあまりにも迂遠な意見表明であるかもしれない。実際、私が釣り竿を手にして歩いてきた多くの山里の川をみても、もし川岸近くの林が保全林として伐採されずに守られていたなら、もし林道工事などによって生じた土砂が谷に落されなかったなら、もしいまの皆伐方式が必要な木だけを間引く択伐方式に切り換えられていたのなら、もし何の役割もないような堰堤工事がおこなわれていなかったなら、上流の川の自然はほとんど損傷を受けずに守られていたはずなのである。

今日の自然の衰退は技術的修正だけによってもかなり食い止めることができるのである。おそらく自然と人間は共生しなければならないことを人間たちが理解するだけで、現象としての自然の衰退の大部分は阻止されることになるだろう。そして今日の激しい自然の衰退の状況をみるとき、そのような自然に対するアプローチの方がはるかに有効であるようにさえ思われるのである。

だがそれだけでは私の記憶のなかにある自然の映像を満たすことはできない。というよりそれは、人間の外的なものとして対象化された自然を保全することにしかならないのである。流れゆく自然の世界があり、流れゆく人間の世界がある。そして両者の間に労働がある。それらの調和する世界、それが私のなかの自然の映像である。本物の自然と人間の共生とは、自然があって人間の暮しが成り立ち、人間の暮しがあって自然が成立するような関係をつくりだすことだ。そうしてそうである以上私たちは自然と人間が敵対的にならないような関係を探しださなければならない。

そのとき私は自然と人間の交通の世界に、すなわち広義の労働の世界に戻ってくるのである。あるいは自然－人間関係を敵対的な関係にしてしまった資本制社会における労働を、その基礎を形成した貨幣経済の成立以降の労働の変容を問題にするのである。

とすれば本書は自然を自然として維持するためにのみ書かれたものではない。私の自然哲学の目的は、資本制社会を自然と人間の交通の変容のなかにとらえるところに、あるいは貨幣が支配的な流通手段として確立されてから以降の自然と人間の交通の変化と、そのなかで生起した労働過程や人間の精神、人間と人間の交通の変化の末に、現代の社会をとらえるところにあったのである。労働の解放のなかに、自然と人間の自由の可能性を探しながら。

一九八〇年代に入ってしばらくした頃、当時私の書いていた自然や山村に関する原稿のなかに、自然の荒廃を人間の頽廃のなかからみる緒がみえていることを指摘して下さったのは、岩波書店編集部の卜部三郎氏であった。それからの氏との討論がこの本の基本骨格をつくりあげた。その意味では卜部氏の存在がなかったなら、本書が生まれることはなかったであろう。

それなのに本書の原稿が半分ほどでき上がった頃、偶然の不幸が氏を闘病生活へと追い込んでしまった。自然哲学は現代の人間の存在の悲しさをとおして書かれなければならないという氏の言葉を支えにして、私は推蔽を重ねていった。

とともに本書はその企画の段階から、同編集部の合庭惇氏の助言を得ていた。基本骨格となった「自然哲学ノート」(『思想』一九八四年八月)からみても三年有余がたっている。あらためて卜部、合庭両氏に、そして編集作業にたずさわって下さった十時由紀子氏をはじめとする岩波書店の皆様に、また自然と人間の世界とは何なのかを、鍬を持つところから教えて下さった群馬県、上野村の浜平に暮す人々に心からお礼を申し上げる。卜部三郎氏の一刻も早い回復を祈りながら。

註

序章

（1）『宇津保物語』有朋堂文庫　上巻　四四二ページ

（2）『日本霊異記』を読むまでもなく、平安末期には数多くの私度僧が現われた。彼らの多くは山中に庵をつくり、縄文時代的な原始的生活のなかに入っていった。

（3）『エピクロス』出隆・岩崎允胤訳　岩波文庫　一〇七ページ

（4）「広義の労働」「狭義の労働」という表現を最初にもちいたのは、拙著『山里の釣りから』（日本経済評論社）のなかでである。それは今日一般に労働としてとらえられている商品経済下の労働が、特殊な労働にすぎないことを明らかにするためにもちいた言葉であるが、このことについては第一章で述べていく。

第一章

（5）『古事記』などで描かれている天地と人間の創造物語は、第一に自然と人間は同一次元でつくられたことを、第二に、しかし人間は人間として誕生したことを同時に明らかにしている。だから倭建の物語にみられるように、人間的苦悩から脱却し、あるいは苦悩の頂点にまでのぼりつめたとき、倭建ははじめて自然の世界に還っていくのである。

（6）古代ギリシャの時代のデモクリトスに代表される素朴唯物論とソフィストの相違は、私には哲学の永遠の課題のひとつであるように思える。この課題を総合的に解いた最初の解答者の名は、やはりカントに与えられるべきであろう。カントは人間的認識の可能性と限界性を明らかにすることによって、人間の認識から自由な他者（＝真理）の存在をみつけだしたのであるから。

（7）『講座・日本思想』第一巻「はじめに」相良亨　東京大学出版会　iii—ivページ

（8）R・G・コリングウッド『自然の観念』平林康之・大沼忠弘訳　みすず書房　六八—六九ペ

ージ
（9）A・N・ホワイトヘッド『科学と近代世界』上田泰治・村上至孝訳「ホワイトヘッド著作集」第六巻　松籟社　四ページ
（10）ホワイトヘッド「近代科学の起源」同上書所収参照
（11）あらためて述べるまでもなく、ウェーバーは『プロテスタンティズムの倫理と資本主義の精神』をはじめとする著作のなかで、ひとつの時代とその時代を支える人間たちの倫理的態度、エートスとの関係を論じている。
（12）たとえば阿部謹也は『中世の窓から』（朝日新聞社）のなかで次のように述べている。
「中世都市市民の経済生活の奥深くに、日常生活と密着した信仰の生活があったのですが、それはいわゆるキリスト教の教義によって説明しきれるようなものではなく、もっと土俗の匂いの強い、野性的な信仰の生活でした」（二三―二四ページ）
「贈与慣行の転換に当って、教会は絶大な役割を果したことになり、以降一五、六世紀にいたるまで、ヨーロッパ中世社会はキリスト教世界としての実態を整えてゆくことになります」（二二六ページ）
（13）マルクス主義的歴史学の最大の欠陥は、歴史は人間の存在の歴史としてつくられたという単純な事実を軽視したことにある。そうでなければ、歴史を制度史や経済史の分析で終らせてしまうことはなかっただろう。
（14）詳しくは拙著『労働の哲学』田畑書店　参照
（15）結縁（けちえん）とは、もともとは仏道に帰依することを意味する言葉であるが、ここでは仏と人間の縁、仏によってもたらされた人間と人間の縁という両方の意味を含む言葉として用いた。
（16）「古代人の心情」（前掲『講座・日本思想』第一巻所収）のなかで、益田勝実は次のように述べている。

「(かっての日本人の空間構成に関する感覚は——引用者)埋め墓など死者を送っていく空間と、忌み籠る神祀りの空間と、さらに日常生活、生産労働のための空間との三区分(からなっていた。それは——同)人が神祀りのために忌み籠って神を迎え(A)、人が日常的に住んで働き(B)、人が死せる者を送って行って、タマがカラから立ち去る日まで、死せる者とともにいる(C)、質の異なる空間である」(三一—三二ページ)

即ち日常的生活空間は、他の二つの空間をもつことによって相対化されるとともに、その空間は、タマが本来の空間に還るまでの滞在の場所である。それ故に日常的生活空間は、タマの精神的遍歴の場所としてとらえられ、合理的、唯物論的社会としてみなされることはなかったのではなかろうか。

(17) 阿部謹也は前掲『中世の窓から』のなかで次のように述べている。

「一一世紀以降、ヨーロッパ各地に市場を中心とする都市が成立し、これまでのモノを媒介とする関係のなかに貨幣を媒介とする関係が浸透してきます」(二一九ページ)

「九世紀の段階では、貨幣は貴金属としての価値をもっており、王侯・貴族も祈禱書を貨幣で飾ったりしていました。しかし一一世紀には、貨幣は人びとが追い求めるものであると同時に他方で不潔なものとしてのイメージが生まれてゆきます」(二二〇ページ)

「他方で商業活動を通して大量の財貨を集め、従来の贈与慣行からみれば恥ずべき行為をしているといううしろめたさは、教会への寄進によって相殺され、人びとは安んじて商業活動に専念できるようになり、こうしていわゆる中世都市の聖と俗との両極を結ぶ特異な構造が形成されてゆくことになったのです」(二二六ページ)

キリスト教は十一世紀から十五世紀にかけて浸透してゆく貨幣経済と対をなすように中心的宗

教になっていったのである。とすれば宗教改革はキリスト教の浸透基盤が生みだした必然であった。

(18) コリングウッド『自然の観念』前掲書　二〇ページ

(19) たとえばH・ホッジスは『技術の誕生』(平田寛訳　平凡社)のなかで、紀元前四、五世紀頃のギリシャですでにサイフォン、ばね、ねじ、滑車、歯車、カム、弁などを使う技術がつくられていたことをみながら、当時の発明家たちが「産業革命のほんの一歩手前まできていた」(二二四ページ)と述べている。しかし「これらの発明家の作品の多くは、神殿でしばしば使われる奇術めいたおもしろい仕掛けを創作すること」(同)に終ってしまったのである。

(20) 古代の日本の人々は身体＝カラは死んでも霊魂＝タマは死なないと考えていたが、それは自然に対する感覚でもあった。春に芽ぶいた葉が秋には落葉する。しかしそれが木の死を意味しないように、人間の死とは落葉のようなものである。いわば何度も「生きかえり」「死にかえる」なかに自然も人間もとらえられたのであり、しかし人間は必ず人間に生まれかわると考えられていた点では、人間イコール自然ではなかった。(益田勝実「古代人の心情」前掲論文参照) このような自然観をもっていた人々が自然科学的な自然観に容易に転換したとは考えられず、この転換過程では大きな精神的変革とそれを可能にした社会変動があったと考えるほうが正解であろう。

(21) K・マルクス『資本論』大月書店版　マルクス＝エンゲルス全集刊行委員会訳　第一巻　二三四ページ

(22) 「労働(トラバーユ——引用者)という言葉は、ラテン語のトリパリウムに由来する。この語は三つの棒杭のついた道具という意味であり、強情な馬に蹄鉄をつけたり、手術をするときに縛りつけるものである。ここから転じて、一般的に、責苦、拷問、苦しみという意味に変じ、十六世紀以降になると、この語は今日我々が用いているのと同じ意味になる」(G・ルフラン『労働と

労働者の歴史』小野崎晶裕訳　芸立出版　六ページ）

(23)　使用価値と(経済的)効用の関係については、渡植彦太郎の研究に大きな影響を受けた。渡植は資本制商品に含まれているものは本来の使用価値ではなく効用にすぎないことを論じながら、使用価値の歴史貫通的な性格を否定している。ここから使用価値が否定された社会として資本制社会をみている。(渡植彦太郎『経済価値の社会学』未来社、『仕事が暮らしをこわす』農文協「人間選書」、『技術が労働をこわす』同、『学問が民衆知をこわす』同、『経済と社会生活』白桃書房　参照)

(24)　前記したように「広義の労働」という言葉は、もともとは山村の社会に残る商品経済から自由な、おおらかな労働の世界を表現する言葉としてもちいたものである(拙著『山里の釣りから』参照)。しかしこの本のなかでは、商品経済下の価値規定から自由な労働という意味で使われており、したがって直接的には商品経済の制約下になくても広義の労働としての質を喪失してしまった労働もあれば、逆に賃労働であっても、その内部に広義の労働的性格が部分的に残されているような労働もあるのである。

(25)　照葉樹林文化については多くの研究が発表されているが、それを概括するものとして上山春平編『照葉樹林文化』(中公新書)をあげておく。

(26)　人間たちはいかにして貨幣を貨幣として承認するようになったのかという貨幣の精神的側面の重要性を私に気付かせてくれたのは、前記した渡植彦太郎であり、渡植をとおして知った左右田喜一郎である(渡植彦太郎　前掲書参照)。

(27)　「生産－労働過程」という表現は、拙著『労働過程論ノート』(田畑書店)のなかではじめてもちいた。旧来の表現をもちいれば「労働生産過程」となるのであろうが、資本制生産様式のもとでは、いかに生産過程と労働過程が異なった論理を形成し、しかもその二つが二重化しているのかをあらわす概念として私はこの言葉をもちいている。生産過程と労働過程との分離・二重性のなかに、私は資本制生産様式の本質があると考えている。

(28) たとえば貨幣経済が成立して以降人間たちは、最近に至るまで、お金を不浄なものとみなす心情をもちつづけてきたが、現在ではこの人間たちの心情も死に絶えようとしているようにみえる。それは貨幣経済によって動かされる社会が、もはや人間の生き方との間に摩擦を発生させなくなったことを、その意味で人間たちが貨幣経済を抵抗なく受け入れるまでに、人間の精神と社会の変革がすすんだことを意味するのである。

(29) マルクス『経済学批判』宮川実訳　青木文庫版　一九ページ

(30) コリングウッド『自然の観念』前掲書参照

(31) F・エンゲルス『反デューリング論』岡崎次郎・近江谷左馬之介訳　新潮社版「マルクス・エンゲルス選集」第十一巻所収　一二ページ

(32) エンゲルス『自然弁証法』山田坂仁訳　同上選集　第十二巻　七四―八〇ページ

(33) その結果マルクス主義的自然認識の最良のものでも次のようなレベルを超えることはなかった。

「自然認識の過程にあらわれる弁証法の性格は、歴史の弁証法とは性格を異にするということである。この相違を無視すれば、弁証法成立の前提としての『全体像』成立の意味が、自然の場合とは質を異にすることも問題意識の照明を与えられることもない」(梅本克己『マルクス主義における思想と科学』三一書房　三四〇ページ)

この文章は梯明秀の人間を全自然史的過程においてつかむという発想への梅本の批判であるが、ここでも自然はあくまで客観的体系なのである。マルクス主義の自然認識は、自然を人間の外の客観的体系としてとらえるか、それとも人間をもその体系のなかに含めるかという同一レベルの傾向しか生みだしてこなかったのである。

(34) マルクス、エンゲルス『ドイツ・イデオロギー』古在由重訳　岩波文庫版　一三〇ページ
(35) マルクス『経済学・哲学草稿』城塚登・田中吉六訳　岩波文庫版　九四ページ
(36) 同上　九三ページ
(37) 同上　九五ページ
(38) 同上　九六ページ
(39) 同上　九五ページ
(40) 『ドイツ・イデオロギー』前掲書　一三〇ページ
(41) 『資本論』前掲書　二三四ページ
(42) 同上　二三四ページ
(43) このことについては細見英の研究(『経済学批判と弁証法』未来社)が多くの示唆を与える。もっとも細見は『資本論』は「疎外論」の視点から書かれた経済学批判であるという立場をとっており、私とは見解を異にするが(細見への私の批判は、拙著『労働の哲学』参照)、細見の研究はその視点からのもっともすぐれた考察であることに変わりはない。
(44) 『資本論』前掲書　二三六ページ
(45) 同上　二三五ページ
(46) もっともマルクスは『資本論』の原註のなかで次のように述べている。

「このような生産的労働の規定は、単純な労働過程の立場から出てくるものであって、資本主義的生産過程についてはけっして十分なものではない」(同上　二三八ページ)

即ちマルクスは、本来の労働力は商品とともに発生する概念であるとみているのであろうが、そうであるなら労働手段や労働対象も、単純な労働過程における概念と資本制生産様式下の概念

とは異なったものにならなければならず、広義の労働過程、あるいは単純な労働過程の世界では、自然と道具と労働が存在するだけだとした方がよいであろう。逆にそれらを労働対象や労働手段として設定するのであれば、労働力商品の意味を含まない労働力も存在しなければならないことになる。

(47) 同上　二三四ページ
(48) 同上　二三四ページ
(49) 同上　二三三ページ
(50) 同上　二四一ページ
(51) 註23で述べたように、このことについては渡植彦太郎の研究に影響を受けている。
(52) 『資本論』がマルクスの問題意識に反して、経済学批判としての論理構造をもちえないことを、私はこれまで幾度か述べてきた(拙著『労働過程論ノート』『労働の哲学』参照)。なぜなら『資本論』は人間の労働を労働力商品の概念に置き換えることによって、その論理を成立させているのであり、その労働力商品概念自体は、資本制生産様式の基礎ではあっても、それを否定する概念ではない。したがって『資本論』は、宇野弘蔵の言葉を借りれば、永遠に自己展開をとげるかのごとくな資本主義の法則性を明らかにすることはできても、その生産様式を否定する契機が論理のなかに介在しないのである。経済学批判としての論理構造を成立させるためには、資本制生産様式を労働存在論－労働過程論の視点から把握しなおさなければならないというのが私の立場である。
(53) 『資本論』同上　二三四ページ
(54) 『ドイツ・イデオロギー』前掲書　一三〇ページ

第二章

(55) 詳しくは拙著『戦後日本の労働過程』三一書房　参照
(56) ルソー『人間不平等起原論』本田喜代治・平岡昇訳　岩波文庫　参照
(57) 「疎外された職人」とは、私が労働者との共同作業としておこなった『インタビュー・〈仕事〉の世界』全十六巻(日本経済評論社)でのインタビューをしているときに耳にした言葉である。それは〝最近の職人は効率よく仕事をするために腕をみがいている。それは本当の職人のすることではない。要するに最近の職人は疎外された職人なんです〟というように使われていた。
(58) 詳しくは拙著『労働過程論ノート』『労働の哲学』参照
(59) 星野芳郎「技術論と史的唯物論」季刊『理論』第一四号　一九五〇　参照
(60) 武谷三男「技術論」『弁証法の諸問題』所収　勁草書房　一四五ページ
(61) 同上　一四七ページ
(62) 日本に生まれた独特の学問とでもいうべき技術論の研究は、一九三二年に刊行された「唯物論研究会」の機関誌『唯物論研究』とともにはじまった。その担手は小高良雄(鈴木安蔵)、相川春喜、君島慎一(永田広志)、戸坂潤、武田武志(沼田秀郷)、岡邦雄、吉田斂(本多修郎)、本郷弘作(小山弘健)らであったが、私はこの戦前の技術論論争は、経済学=『資本論』によってとらえられた経済過程を、労働の場所として読みなおすという役割を、結果として果したのではないかと考えている。即ちそれは、労働力商品が搾取される過程として当時とらえられてきた資本制生産様式の内部を、労働の場所として読みなおすことによって、労働にとっての資本制生産様式をみていこうとするものである。そのような役割をもっともよく担ったのは相川春喜であり、その見解は「技術=労働手段体系」説として一定の結論をみた(相川春喜『現代技術論』三笠書房　一九三五年　参照)。しかしここでは、技術が労働手段体系のなかに対象化されるという側面と、技術の本質は技術的実践のなかにあるという側面とが混同されていた。その不備をついてくるのが武谷技術論であったが、私はこの本のなかでは、技術を第一に自然と人間の交通のなかでの実践概念として、第二にその本質が労働手段体系と労働力体系＝労働力編成のなかに対象化されるものとして考察している。なお戦前の技術論論争についてまとめた本としては、島啓『技術論論争』(ミネルヴァ書房)がすぐれている。

(63)　渡植彦太郎『技術が仕事をこわす』前掲書参照

(64)　武谷三男「技術論」前掲『弁証法の諸問題』一四七ページ

(65)　中岡哲郎『工場の哲学』平凡社、『人間と労働の未来』中公新書、参照。また熊沢誠は『労働のなかの復権』(三一新書)以降の著作のなかで労働運動論の視点から、技術革新が労働者の自律を妨げている状況を分析している。さらに竹内静子は『現代社会と労働存在』(日本経済評論社)等において、技術と労働の変容が、人間の存在と意識を変革していく関係をとらえながら、新しい視点からの労働の概念化を試みている。

(66)　アルフレート・シュミット『マルクスの自然概念』元浜清海訳　法政大学出版会　一六六ページ

(67)　玉野井芳郎『生命系のエコノミー』新評論　一三三―一三四ページ

(68)　とりわけ私が注目しているのは、日本では今西錦司に代表される共生の理論にもとづく進化論(今西錦司「自然学の提唱」『季刊人類学』第一四巻三号など参照)の動きであり、あるいは生物界を共生する世界としてとらえたナチュラリストや生物ジャーナリストたちの仕事(たとえば、P・ファーブ『土は生きている』石弘之・見角鋭二訳　蒼樹書房、F・ヒッチング『キリンの首』樋口広芳・渡辺政隆訳　平凡社)であるが、ここでは自然の世界を、自然と自然の交通する世界(本書第四章参照)としてとらえる視点が確立されているように私には思える。

(69) G・ルフランの著作は、前掲『労働と労働者の歴史』をはじめ、数多くの翻訳書が刊行されている。ルフランは、人間は労働の質を解放しなければ自由な存在を築くことはできないという基本的視点をもちながらも、技術革新によって労働の質は回復不能なまでに悪化してしまったという認識から、絶望的に労働時間の短縮を訴えるという立場に、現在では移行してきている。私はこの現在のルフランの気持は理解できるが、しかしその結論にはあくまで同調できない。

(70) H・ブレイヴァマン『労働と独占資本』(富沢賢治訳 岩波書店)参照。ブレイヴァマンはこの本のなかで、現代の生産技術が労働者のなかに、労働から離れていく意識を生みだしている現実を分析し、それが資本制社会の新しい否定要因になっていくであろうことを予測している。しかし労働に対するサボタージュ意識はそのままでは変革の主体にはならず、歴史に対する消極的レジスタンスにしかならないことは、この間の歴史が証明してきた。労働者は新しい労働の概念を確立しなければ、決して資本制社会を超える変革の主体にはならないのである。

(71) 私は資本制生産様式のなかにおいても、「使用価値をつくる労働」は潜在的に残っていると考えている。資本制生産様式とは、商品の生産過程=価値の生産過程と、使用価値をつくる労働としての労働過程が分離・二重化した生産様式である。もちろんこの生産-労働過程の支配権は商品の生産過程の側にあり、労働過程はそこに包摂され、規定されながら成立する以上、労働過程の質も歴史的に変容せざるを得ない。だが、それでもなお、労働過程の「使用価値をつくる労働」という側面は完全に解体されることはないのである。このことについて詳しくは『労働過程論ノート』を参照していただきたいが、私はこのことのなかに労働を解放する=労働を使用価値をつくる場所へと変革する可能性が、資本制生産様式の内部にもあることをみている。

(72) 詳しくは拙著『労働の哲学』参照

(73) 梅本克己『マルクス主義における思想と科学』(前掲書)、『過渡期の意識』(現代思潮社)参照。

戦後主体性論争に対する私の意見は拙著『労働過程論ノート』を参考にしていただきたいが、戦後主体性論争は人間の主体性を、個人の固有の概念としてとらえてしまったために、即ち主体を関係の概念、あるいは交通の概念としてとらえることができなかったために、主体性という言葉の通俗化を生み袋小路にはまっていった。

(74) 梅本克己『マルクス主義における思想と科学』前掲書　三四七ページ

(75) 武谷三男「技術論」前掲『弁証法の諸問題』一四七ページ

(76) ここでは技術の概念をこのように記したが、しかし現実には科学と技術の関係は、必ずしも科学が先行するわけではない。実際には技術が科学的発見に先行してつくられた例はいくらでもあるのである。

(77) 渡植彦太郎『仕事が暮らしをこわす』前掲書参照

第三章

(78) 詳しくは拙著『山里の釣りから』参照

(79) 実際このことは、多くの場所で自然の生命力の低下を生んでいる。たとえばかつて私が松茸狩をした山では、尾根筋の松はマニュアルにしたがって残したが、その周囲の木をすべて伐採してしまったために松茸の発生がみられなくなった。それは村の経済資源のひとつを枯渇させたことを意味する。あるいは木の成長速度に対する注目から落葉松を植えた山では、第一に落葉松自体の材としての特性から木材価値にとぼしい山がつくられてしまい、第二に落葉松の風倒に起因する山の崩落現象を各地で招くようになった。またブナなどの落葉広葉樹を伐採し針葉樹の植林をすすめることは、かつては木材資源の有効活用上正当なマニュアルであったが、いまではそれが動植物の生態系を破壊するだけでなく、山の保水能力の低下↓水の供給能力の不足を生みだし、かつ木材資源としても広葉樹のもつ品質、経済的価値が逆にみなおされるようになっている。そのため林野庁でも一九八四年にクリ、コナラ、ミズナラ、ミズメ、ケヤキ、トチ、キハダ、イヌエンジュなどを有用広葉樹として指定するようになったが、自然を管理・改造するための人間のつくりだしたマニュアルは、つねにその時代の相対的有用価値でしかないものを、その時代においては、絶対的価値として措定するために、結果としては自然の生命力を低下させつづけるのである。このような事態を防ぐには、科学的マニュアルではなく、自然とともに暮してきた村人の技能的な知恵を生かす方向にむかわなければならないのだが、そのような傾向は今日に至っても生まれていない。

(80) 詳しくは拙著『労働過程論ノート』『労働の哲学』参照

(81) 前掲『労働過程論ノート』のなかで私は、第一に分業が単純な労働の分割とは異なることを、第二に分業は協業労働の否定の上に形成されることを考察している。

(82) 本書第一章第五節参照

■岩波オンデマンドブックス■

自然と人間の哲学

1988年 2月26日 第1刷発行
1995年 9月27日 第6刷発行
2015年 5月12日 オンデマンド版発行

著 者 内山《うちやま》 節《たかし》

発行者 岡本 厚

発行所 株式会社 岩波書店
〒101-8002 東京都千代田区一ツ橋 2-5-5
電話案内 03-5210-4000
http://www.iwanami.co.jp/

印刷／製本・法令印刷

ISBN 978-4-00-730198-8　Printed in Japan